Eugen Drewermann
Spuren des Heils

topos taschenbücher, Band 1033
Eine Produktion des Matthias Grünewald Verlags

Eugen Drewermann

Spuren des Heils

Meditationen

topos taschenbücher

verlagsgemeinschaft topos plus
Butzon & Bercker, Kevelaer
Don Bosco, München
Echter, Würzburg
Lahn-Verlag, Kevelaer
Matthias Grünewald Verlag, Ostfildern
Paulusverlag, Freiburg (Schweiz)
Verlag Friedrich Pustet, Regensburg
Tyrolia, Innsbruck

**Eine Initiative der
Verlagsgruppe engagement**

www.topos-taschenbuecher.de

Bibliografische Information der Deutschen Nationalbibliothek
Die Deutsche Nationalbibliothek verzeichnet diese Publikation in der
Deutschen Nationalbibliografie; detaillierte bibliografische Daten
sind im Internet über http://dnb.d-nb.de abrufbar.

ISBN 978-3-8367-1033-6
Ebook (PDF): 978-3-8367-5031-8
ePub: 978-3-8367-6031-7

2016 Verlagsgemeinschaft topos plus, Kevelaer
Das © und die inhaltliche Verantwortung liegen beim
Matthias Grünewald Verlag, Ostfildern
Umschlagabbildung: © schiffner/photocase.de
Einband- und Reihengestaltung: Finken & Bumiller, Stuttgart
Herstellung: Friedrich Pustet, Regensburg
Printed in Germany

Inhalt

Einleitung
Eine erste Spur des Heils:
Menschen nicht verurteilen, sondern verstehen 7

Zweite Spur
Vom Wunder der Menschlichkeit 12

Dritte Spur
Die Perspektive der „Kleinen" 27

Vierte Spur
Wovon die Menschen leben 50

Fünfte Spur
Vom Sinn der Vergebung 58

Sechste Spur
Ein Mensch braucht mehr als nur Moral 69

Siebente Spur
**Von der unheilvollen Verschmelzung
von Gott und Geld** 101

Einleitung
Eine erste Spur des Heils:

Menschen nicht verurteilen, sondern verstehen

Im Museum für Alte Kunst zu Brüssel findet sich das Holzgemälde *Christus und die Ehebrecherin* von Peter Paul Rubens (siehe Abbildung folgende Seiten). Die Szene stammt aus dem 8. Kapitel des Johannesevangeliums. Frühmorgens, erzählt die kleine Novelle, kamen Schriftgelehrte und Pharisäer zu Jesus in den Tempel und brachten eine Frau zu ihm, die sie beim Ehebruch ertappt hatten. Nach dem Gesetz des Moses war es geboten, „solche Frauen zu steinigen" (Lev 20,10). Jesus aber wird ihnen sagen: „Wer von euch ohne Sünde ist, der werfe den ersten Stein!" Und sie alle gehen fort! Der Frau aber wird Jesus die Freiheit schenken, nicht länger zu „sündigen".

Das Bild von Rubens gibt in einer einzigen Szene alles wieder, was die Botschaft Jesu heilend und heilbringend in sich enthält. Da sieht man eine Frau vor sich, deren Gesicht unter einem schwarzen Schleier, der ihre Haare verbirgt, noch rot ist vor Scham, ihr Kleid gibt die Schulter, die Brust noch den Blicken frei, während sie selber, die Hand vor dem Gesicht, in niemandes Antlitz zu blicken wagt. Ganz rechts außen am Bildrand ein Schriftgelehrter in golden schimmerndem Quastengewand, auf seiner Stirn, wie ein Brett vor dem Kopf, in Hebräisch das 6. Gebot: du sollst nicht ehebrechen; vorgebeugt, die beiden Hände zur Anklage und schon wie zur Festnahme vor-

Peter Paul Rubens (1577–1640): *Christus und die Ehebrecherin*

gestreckt, mit stechend fanatischem Blick, seiner Sache ganz sicher, fixiert er sein Gegenüber und seinen Gegner: Jesus von Nazareth. Neben ihm steht, mit feistem Gesicht, den runden Schädel mit einer roten Kapuze bedeckt, die derbe „pharisäische" Selbstsicherheit, die Hände beschlussfertig ineinandergelegt, – für diesen Mann ist alles ganz klar und ganz rund, eine einfache Sache. Zur Rechten der Frau aber starrt ein anderer Mann Jesus an, der die Frau mehr wie schützend am Arme berührt; sein Gesicht wirkt wie erstaunt, seine Augen unter der haarlosen Stirn blicken wie fragend. Alle anderen Personen neben und zwischen diesen Hauptakteuren bilden nichts weiter als eine neugierige Kulisse; doch was sie jetzt zu sehen und zu hören bekommen, ist die Verwandlung einer ganzen Welt: Jesus steht da, ganz in sich gekehrt, im Grunde schaut er niemanden an, und doch, er öffnet nach vorn beide Arme, zur Frau hin und zu dem Mann des Gesetzes hin; alles, was er zu sagen hat, gewinnt seine Gestalt in dem überlangen rechten Arm mit den geöffneten feingliedrigen Fingern. Man sieht: Diese Hände legen etwas dar, das *nicht verurteilt*, sondern *versteht*.

Wie aber ist es möglich, die Botschaft Jesu zu verstehen, solange diese Welt noch so ist, wie sie ist? Diese Frage erhält seit den Tagen von Kain und Abel ihre Dringlichkeit in dem Problem des *Krieges*. Er ist die Zusammenfassung, die Folge und die Ursache von allem, was Menschen an Unheil übereinander zu bringen vermögen. Solange der *Krieg* in der Welt ist, ist diese Welt nicht in Ordnung, ist sie der *Heilung* bedürftig. Nur wie? Die Texte in diesem Buch versuchen zu verdeutlichen: *Nicht möglich* ist es, dem Menschen mit den Mitteln der *Moral* zu helfen. Kein wirkliches Problem des menschlichen Lebens löst sich mit „Du sollst" und „Du sollst nicht". Für *jeden* Menschen müsste so etwas spürbar werden wie diese ausgestreckte Hand des Christus auf dem Rubens'schen Bilde. „Allein aus Gnade, nicht durch des Gesetzes Werke." Dieser Kernsatz Martin Luthers aus dem Römerbrief (3,28) bildet den ganzen Inhalt der kirchlichen *Gnaden-* und *Rechtfertigungslehre*. Doch was die Menschen brauchen, heißt in ihrer Sprache nicht „Gnade", weit eher *Güte* und *Begleitung,* weit eher eine offene Hand statt des erhobenen oder ausgestreckten Zeigefingers, weit eher *vorurteilsfreie Akzeptation* und *offene Zugewandtheit* statt Dogmatismus und Konformismus. Es geht darum, *den* Punkt im Menschen zu finden, von dem aus die bestehende Welt sich im Namen des Mannes aus Nazareth aus den Angeln heben und mit dem Blick auf ihn in eine neue, *bessere* überführen lässt.

An Jesus zu glauben, das heißt: da ist eine Macht, die uns trägt, während wir glauben, im Meer zu versinken; da ist eine Stimme, die uns fragt, wer wir sind, während wir uns selber schon nicht mehr verstehen; da umhüllt uns ein Schutz, der es uns ermöglicht, auf Gewalt nicht länger mit Gegengewalt und auf Angst nicht länger mit dem Antiterror noch größerer Angstverbreitung zu reagieren; da schauen uns Augen an, so gütig, verstehend und traurig und froh, dass wir es unter ihnen wagen können, egal, was passiert ist, uns selbst wieder in die Augen zu schauen; da ist ein Vertrauen in uns gesetzt, das uns die Kraft gibt, an uns selber wieder zu glauben und „hinzugehen und nicht mehr zu ‚sündigen'".

Zweite Spur

Vom Wunder der Menschlichkeit

Im Jahre 1895 war der libanesische Dichter Khalil Gibran zwölf Jahre alt, als er auf Englisch ein Versgedicht verfasste, das den Titel trägt: *Jesus klopft an das Himmelstor*. Mit der Sehnsucht und der Sensibilität eines zutiefst religiösen Knaben stellt Gibran sich darin vor, wie Jesus am Ende seines Lebens vor Gott hintritt, um ihm all die Menschen anzuvertrauen, die inmitten der Gnadenlosigkeit der Welt nicht haben leben können ohne ihn und die er gerade deshalb mit sich nahm auf seinen Weg in eine andere, „väterlichere", das heißt, im Grunde „mütterlichere" Welt. Das Gedicht des jungen Gibran lautet:

Vater, mein Vater, öffne dein Tor!
Ich bringe eine glänzende Gesellschaft mit.
Öffne das Tor, dass wir eintreten können.
Jeder und alle sind wir die Kinder deines Herzens.
Öffne, mein Vater, öffne dein Tor.

Vater, mein Vater, ich klopfe an dein Tor.
Ich bringe einen Dieb, der heute mit mir gekreuzigt wurde.
Denn auch er ist eine sanfte Seele,
und er möchte dein Gast sein.
Er stahl einen Laib für den Hunger seiner Kinder.
Aber ich weiß, das Leuchten seiner Augen würde dir gefallen.

Vater, mein Vater, öffne dein Tor.
Ich bringe eine Frau, die sich der Liebe schenkte,
und sie hoben Steine auf gegen sie, aber
ich kenne dein liebendes Herz und hielt sie zurück.
Die Veilchen sind nicht verwelkt in ihren Augen,
und dein April ist noch auf ihren Lippen.
Ihre Hände halten noch die Ernte deiner Tage,
und jetzt möchte sie mit mir eingehen in dein Haus.

Vater, mein Vater, öffne das Tor.
Ich bringe dir einen Mörder,
einen Mann mit Zwielicht auf dem Gesicht.
Er jagte für seine Jungen,
aber unklug jagte er.
Die Wärme der Sonne war auf seinen Armen,
der Saft deiner Erde war in seinen Adern;
und er verlangte Fleisch für seine Leute,
da Fleisch verwehrt war,
aber sein Bogen und Pfeil waren zu schnell,
und er beging einen Mord.
Darum ist er jetzt bei mir.

Vater, mein Vater, öffne dein Tor.
Ich bringe einen Trunkenbold mit,
einen Mann, den nach anderm dürstete als dieser Welt.
Er wollte sitzen an deiner Tafel, mit einem Becher,
Einsamkeit zu seiner Rechten
und Verzweiflung zur Linken.
Er starrte tief in den Becher
und sah deine Sterne gespiegelt im Wein.

Und er trank in vollen Zügen, denn er wollte deinen Himmel
erreichen.
Er wollte sein größeres Selbst erreichen,
aber er verirrte sich auf dem Wege und strauchelte.
Außen vor der Schenke, Vater, hob ich ihn auf,
und er kam mit mir, lachte den halben Weg.
Nun ist er in meiner Gesellschaft,
doch er weint, denn Freundlichkeit tut ihm weh.
Und darum bringe ich ihn zu deinem Tor.

Vater, mein Vater, öffne das Tor.
Ich bringe einen Spieler mit, einen Mann,
der seinen Silberlöffel in eine goldene Sonne tauschte;
und wie eine deiner Spinnen
webte er sein Netz und wartete
auf die Fliege, die ebenfalls jagt, nach kleineren Mücken.
Aber er verlor, wie alle Spieler,
und als ich ihn fand, wanderte er auf den Straßen der Stadt.
Ich blickte in seine Augen,
und wusste, dass sein Silber sich nicht in Gold verwandelt hatte,
und der Faden seiner Träume war zerrissen.
Ich bot ihm meine Gesellschaft an
und sagte zu ihm: „Siehe die Gesichter deiner Brüder,
und mein Gesicht.
Komm mit uns, wir gehen zu dem fruchtbaren Land
jenseits der Hügel des Lebens.
Komm mit uns."
Und er kam.

Vater, mein Vater, du hast geöffnet das Tor!
Siehe: meine Freunde,
ich habe sie gesucht weit und nah;
aber sie waren in Furcht und wollten nicht mit mir kommen,
bis ich ihnen deine Verheißung und deine Gnade offenbarte.

Nun, da du dein Tor geöffnet hast,
und empfangen und willkommen geheißen meine Gefährten,
gibt es auf der Erde keine Sünder mehr,
getrennt von dir und deinem Empfangen.
Es gibt weder Hölle noch Fegefeuer;
nur du und der Himmel existieren,
und auf der Erde der Mensch,
das Kind deines ehrwürdigen Herzens.

Alle Menschlichkeit und alle Religiosität, die der Mann aus Nazareth in diese Welt zu bringen kam, gründet in dem Gefühl eines solchen unverfälschten Kindseins, das selbst den „kriminell" Gewordenen nicht ausschließt. Wer war denn jener andere als Kind, ehe er auf seine Art „erwachsen" werden musste?

Das ganze Leben Jesu war wie ein niemals gehörtes, wie ein ganz wörtlich *unerhörtes* kindliches Gebet, gerichtet an die Macht, die er so gerne unseren und seinen „Vater" nannte (Joh 20,17). Ihr ganz allein traute er zu, sie lasse niemanden aus ihren Händen fallen, sondern sie lasse die Sonne aufgehen unterschiedslos über Gute und Böse und lasse es regnen über Gerechte und Ungerechte (Mt 5,45). Drum ging er denen nach, die von sich selbst her keine Chance mehr besaßen, im Leben je zurechtzukommen; – „kein Räuberhauptmann hätte eine wüstere Gesellschaft um sich scharen können", spottete bereits um 170 nach Christus der wohl brillanteste Christentumskritiker aller Zeiten, der griechische Philosoph Celsus; in gewissem Sinne zu Recht, denn gerade diese Sammlung der Verlorenen wurde das wesentliche Kennzeichen, der eigentliche Ehrentitel des Nazareners: Er sei ein Freund der „Huren" und der „Zöllner", warfen ihm manche seiner Zeitgenossen vor. Doch wer, wenn nicht sie, die vermeintlichen „Sünder", würde begreifen, dass einzig die Liebe, das Verstehen und die Güte den Abgrund unter unsren Füßen zu schließen vermag?

Für den Mann aus Nazareth, wenn er, nach jüdischer Weise den Gottesnamen umschreibend, von „der Macht", von dem „Himmel" oder von den „Engeln" sprach, lag in diesen Worten ein Verweis auf einen Arm, der sich ganz sanft um eines jeden Menschen Leben legt; nie, unter keinem Umstand, so glaubte er und machte er die Menschen glauben, würde dieser Arm sich uns entziehen.

Und warum auch? – Wenn wir nur einmal diese Welt mit Gottes Augen sehen könnten! Rasch würden wir dann erkennen, wie unsinnig die Grenzen sind, die Menschen, zumeist sogar mit Berufung auf „Gott", im Namen ihrer vermeintlich überlegenen Moral oder ihrer vermeintlich einzigartigen Religion oder ihrer alleinseligmachenden Konfession oder ihrer angeblich zu Erstrangigkeit berufenen Nation um andere Menschen zu ziehen pflegen. In Wirklichkeit, meinte der Nazarener, sind wir zu arm und zu armselig, als dass wir uns die Hybris solcher Unterschiede und Unterscheidungen leisten könnten. Wir brauchten nur einmal den Menschen *ins Herz* zu schauen, statt auf ihre Hände zu starren, wir müssten nur einmal ihre Motive und Gefühle betrachten, statt ihre „Taten" als äußere „Tatsachen" zu isolieren und dann nach festen Maßstäben zu „richten", dann würde sehr bald vor unseren Augen sich das Bild einer unermesslichen Not und einer ungemessenen Verzweiflung erheben; Hilfe, nicht Verurteilung, Befreiung, nicht Kerker, Begleitung, nicht Aussperrung, die „Himmelstüre", nicht die „Hölle", stellten seiner Ansicht nach die einzig verantwortliche Antwort auf die Herausforderung der menschlichen Tragödie dar.

Gewiss, es gibt die *Gebote*. Gleichgültig, ob die Gesetzesstele des Hammurabi oder die Zehn Gebote, die man mit Moses verbindet, ob das Gesetzbuch des Justinum oder das bürgerliche Gesetzbuch eines modernen Staates – an jeder Stelle zeigt sich, wie wenig damit gewonnen ist, klare „Weisungen", „Anordnungen", „Verfügungen" und „Richtlinien" zu „erlassen". Es gibt keine Ordnung im menschlichen Leben, außer sie wüchse von innen her auf, und eben darin, das Innere eines Menschen zu stärken, bis dass es zur Einheit und zum Einverständnis mit sich selber gelangt, liegt die Größe der menschlichen Aufgabe. Gesetze im besten Falle sind richtige Wegweiser. Doch die Wege zu wissen lehrt schon die Tiere der Instinkt; die Kraft, sie zu gehen, kommt anderswo her. Die sogenannten „Verbrechen", umgekehrt, sind sie je etwas anderes als die Suchwege und Umwege eines versperrten Lebens, das trotz allem doch noch ans Ziel zu gelangen trachtet?

Gehen wir Gibrans Beispiele einmal durch. *Siebentes* Gebot etwa: „Du sollst nicht stehlen." Schon auf den untersten Lebensformen respektieren Tiere den Territorialanspruch ihrer Artgenossen, richten sie sich nach den Reviergrenzen eines Mitglieds ihrer Gruppe, anerkennen sie die Paarbindungen und Paarungsrechte eines überlegenen Konkurrenten. Was aber ist es mit den einsam Jagenden, was mit den ewig Zukurzgekommenen, was mit den im Schatten des „Rechtes" chronisch Entrechteten? In den Augen Salomos zum Beispiel war der Benjaminit Jerobeam nichts als ein Aufrührer, den er nach Ägypten in die Fremde vertrieb; doch war man in den Tagen des Moses wirklich aus Ägypten, dem „Glutofen" der Knechtschaft, geflohen, nur um mitzuerleben, wie 250 Jahre danach ein hebräischer König die eigene Bevölkerung nach Pharaonenart zur Fronarbeit bei den königlichen Prunkbauten nötigte (1 Kön 2,15–23; 11,26–40)? Und war der „Diebstahl" des Mannes, der an der Seite Jesu gekreuzigt wurde (Mk 15,27), vielleicht nicht ebenfalls nur ein solcher Aufruhr aus Liebe zur Freiheit, – Vorbild und Nachbild so vieler, die in der Geschichte mit Gewalt revoltierten gegen das Unrecht der Gewaltherrscher und dabei alles auf eine Karte setzten, ihr ganzes Leben, zu Sieg oder Untergang? War jener gekreuzigte namenlose Schächer am Karfreitag, wie Khalil Gibran meint, nicht womöglich nur ein treusorgender Familienvater, den die Not seiner hungernden Kinder dahin trieb, sich unrechtmäßig anzueignen, was rechtmäßig sich zu verschaffen unter dem Diktat der zum Recht geronnenen Gewalt ihm verweigert wurde? Wer aber erkennt schon Hunger und Pflichtgefühl in einer Tat, die nach der Ordnung der Paragraphen des geltenden Gesetzes als Einbruch und Diebstahl verurteilt gehört? – Wie anders erschiene das Verhalten von Menschen, sähe man nur erst, in welchen Verhältnissen sie ihr Leben verbringen müssen und was man mit ihnen getan hat, ehe sie ihre Tat begingen? Es war die feste Zuversicht Jesu, dass Gott *das* Herz der Menschen sieht (Ps 26,2), auch wenn die Äußerlichkeit des vorschnellen Urteils sie immer wieder zu erdrücken und zu ersticken droht.

Oder: „Du sollst nicht ehebrechen!" Was ist mit jener Frau auf dem Rubens'schen Bild und von der das Johannesevangelium erzählt? Der Text wurde erst sehr spät – offenbar gegen den Widerstand der frühen Kirche – in das vierte Evangelium eingeschoben, und man versteht auch, warum: handelt es sich doch hier um den Bericht von einem zwölfjährigen Mädchen, das, eben erst verheiratet, bereits zu einer Ehebrecherin wurde. Mit keinem Wort verrät uns die Geschichte, was diese Jungverheiratete fühlte. Wer weiß, was sie wirklich dazu bestimmte, Liebe zu schenken, wo sie nach dem Gesetz nicht sein durfte? Und wer schon wäre bereit, sich hineinzuversetzen in den Taumel der Gefühle einer einzigen Nacht, in den Rausch der Angst und der Sehnsucht des so offensichtlich Verbotenen? Wer auch wollte schon wissen, wie hilflos ein Mensch den Regungen seines eigenen Herzens ausgeliefert sein kann? „Wer von euch ohne Sünde ist, der werfe den ersten Stein", hatte Jesus damals gesagt. Er hatte damit riskiert, dass diese Frau unter den Steinen ihrer Ankläger wäre begraben worden, hätte auch nur ein Einziger von ihnen sich im Stande der „Unschuld" gewähnt. Doch ein solches Wunder, womöglich sein größtes, vollbrachte der Mann aus Nazareth in diesem Augenblick, da er eine zur Lynchjustiz schon entschlossene Meute zur Einsicht befähigte. Und indem er den Schergen die Augen öffnete für den Zustand ihrer eigenen Seele, schenkte er einer unglücklich Liebenden das Leben zurück, ja, er öffnete ihr, stellvertretend für alle in ähnlicher Lage, die Pforte des Himmels, meinte Gibran.

Oder *fünftes* Gebot: „Du sollst nicht töten!" Nichts unter Menschen ist schlimmer als Mord; nichts erscheint derart verwerflich, als einem Menschen das Leben zu rauben. Wer aber, eben deshalb, *will* etwas derart Entsetzliches wirklich begehen? Wie viel an Angst oder Zorn, wie viel an Hass oder Hilflosigkeit müssen im Herzen eines Menschen aufgestaut sein, ehe es sich wie im Anfall in einer Mordtat entlädt? Kann es nicht sein, dass der „Täter" dabei vor allem ein Opfer der Umstände wird – einer Verkettung unglücklicher Zusammenhänge, einer Schicksalslaune eher denn eines eigenen Entschlusses! Wer nimmt sich dieser Unglückseligen an, denen etwas geschah, das sie so niemals zu tun beabsichtigten? Wer tröstet diese Verbrecher wider Willen, diese von fiebrigen Nerven Getriebenen, diese zu spät sich Besinnenden? Wie weit muss man gehen, um ein so grässliches Vergehen eines Menschen wie einen Mord zu *verstehen* und ihm einen Ort des Innehaltens inmitten der Flucht zu schenken? Und genauer betrachtet: ist nicht jede Gewalttat so etwas wie eine Art *Mundraub* für ein nach Liebe oft noch weit mehr als nach Nahrung hungerndes *Kind* – um in dem Bilde Khalil Gibrans zu verbleiben?

Dabei sind Diebstahl, Ehebruch und Mord „nur" die „Straftatbestände", die *anderen* Menschen zugefügt werden. Wie aber steht es um die Menschen, die sich selber unmittelbar wie mutwillig zu ruinieren scheinen – um die Alkoholiker, die Drogenabhängigen, die Süchtigen, die voller Sehnsucht sind nach einem Leben, das ihnen seit Kindertagen verwehrt wurde, um die Zerbrochenen und Haltlosen, die das „wirkliche" Leben wie einen nicht endenden Schmerz offenbar nur in Betäubung und in Abstumpfung zu ertragen vermögen?

Wann je wäre es möglich, einem seelisch Zerbrochenen entscheidend zu helfen, ohne die gesellschaftlichen Bedingungen *infrage* zu stellen, unter denen er bis auf den Tod hin erkrankte? Nur so könnte man das verzweifelte Lachen über sich selbst überwinden, in dem sich der Spott der Menge verinnerlicht; nur so könnte man jenen befreienden Mut zum Weinen zurückschenken, der ein ehrliches Gefühl für sich selbst wieder erlaubt und die Gefühllosigkeit des kommandierten Sadismus, des massenweisen, fabrikmäßigen Tötens, in ihrer Monstrosität wiedererscheinen lässt.

Oder der *Spieler*, auf den Gibran anspielt! Fjodor Michailowitsch Dostojewski hat aus eigenem Erleben dieser Thematik eine kleine Erzählung gewidmet. Im Grunde steht hinter jeder Sucht die Suche danach, angenommen zu sein und geliebt zu werden, doch ein verborgenes Schuldgefühl, eine geheime Form der Selbstablehnung, die sehr früh dem kleinen Kind bereits eingepflanzt wurde, verhindert den Glauben daran, dass so etwas überhaupt möglich sei – einen solchen Menschen wie mich kann man nicht lieben, das steht einfach fest!, und so kommt scheinbar alles darauf an, ein *anderer* zu sein, als man ist, beziehungsweise, da auch das nicht möglich ist, nach einem *Fetisch* Ausschau zu halten, der als eine Art magischer Attrappe trotz allem die Liebenswürdigkeit der eigenen Person garantiert. Der Alkoholrausch, der Supergewinn im Spiel, das Aufputschmittel, das alle Müdigkeit vergessen macht, – immer läuft es darauf hinaus, nach den Sternen zu greifen, weil man die Bedingungen der irdischen Existenz nicht länger erträgt. Wer nimmt einen solchen unglücklich Träumenden bei der Hand und zeigt ihm die Schönheit und Größe der Wirklichkeit seiner eigenen Existenz? Welch ein Sternenlicht leuchtet in seinen Augen, welche Visionen der Hoffnung malen sich hinter seiner Stirn, welche Gefühle und Leidenschaften warten in seinem Herzen darauf, zum Leben zugelassen zu werden? In gewissem Sinn verlangt alle Sucht mit der Unersättlichkeit eines chronischen Ungenügens an allem Irdischen nach einem Absoluten an Befriedigung, und nur wer des Menschen Hunger nach Unendlichkeit zu sättigen vermag, vermag ihm diese Welt als bewohnbare Heimat zurückzugeben.

An jeder dieser Stellen der Not und des Elends sah der Mann aus Nazareth nicht Schuldige, sondern Schutzbedürftige, nicht Schändliche, sondern Schätzenswerte, nicht Hinzurichtende, sondern Aufzurichtende vor sich. Es gab für ihn nicht „Sünder" noch „Heilige", nicht „Fromme" noch „Unfromme", nicht gute Bürger noch böse Gangster, – nur Gottesentbehrende, nur Gottesbedürftige. *Alle* gehörten sie für ihn zusammen, die Glücklichen wie die Unglücklichen, die Reichen wie die Armen, die Gesetzestreuen ebenso wie das ungebildete „Volk vom Lande", die tempelstolzen Juden nicht anders als die verhassten Samariter, das Volk der Erwählung gemeinsam mit denen aus den „Völkern" – *alle* sollten sie Zugang finden zur Stätte, da Gott wohnt. Doch gerade diese radikale Gottunmittelbarkeit, diese Zusage, angenommen zu sein ohne Bedingung und Vorleistung, diese unverbrüchliche Solidarität gerade mit den Menschen am Rande stellte und stellt sich notwendig zu allen Zeiten in den äußersten Gegensatz zu dem „normalen" Umgang der Menschen miteinander.

Niemals wird man der Not eines Menschen gerecht, indem man über ihn zu Gericht sitzt, und der wohl größte Fehler besteht darin, auf eindeutigen moralischen und rechtlichen Begriffen dort beharren zu wollen, wo das Leben alles andere als eindeutig und fest ist. Es wäre so ähnlich, wie wenn man (immer noch) Bäume, Schneeflocken und Wolken nach Maßgabe der idealen Körper der euklidischen Geometrie beschreiben wollte, – es ist prinzipiell nicht möglich, dabei etwas anderes als bloße Annäherungswerte zu erzielen; im wirklichen Leben aber stellen moralische und rechtliche „Annäherungswerte", die auf unangemessenen Voraussetzungen beruhen, nicht länger den Versuch eines tieferen Verstehens dar, sie bedeuten vielmehr Einengung, Festschreibung, ja, Ungerechtigkeit und Unrecht bei allem Sprechen von Gerechtigkeit und Recht.

Folgt man dem Neuen Testament, so besaß Jesus den Mut, sich sogar von der Denkweise seines Lehrers Johannes des Täufers am Jordan zu lösen und an die Stelle der einschüchternden Drohung mit der Flammenwand furchtbarer göttlicher Gerichte (Mt 3,7–12) eine Botschaft der Einladung und des Vertrauens zu setzen. „Nicht die Gesunden brauchen den Arzt, sondern die Kranken", dachte er und fügte hinzu: „Ich bin nicht gekommen, Gerechte zu rufen, sondern (nur!) Sünder." (Mk 2,17) Es war diese Einstellung, mit der er tatsächlich die Macht gewann, *Menschen zu heilen*. Gewiss, schon das Matthäusevangelium hüllt diese Fähigkeit Jesu, Krankheiten zu heilen, in eine Aura göttlicher Überlegenheit; aber das ursprünglichere Markusevangelium berichtet noch ganz unbefangen, dass Jesus in seiner Vaterstadt Nazareth „nicht eine einzige Krafttat zu wirken vermochte" – ihres mangelnden Vertrauens wegen (Mk 6,5–6): Die ganze „Macht", die Jesus besaß, bestand offenbar in seiner Güte und in der Faszination, die von seiner Person ausging; sie allerdings war manchmal stark genug, um die Gefangenschaft von Menschen im Getto der Angst zu überwinden, so dass sie aufrichtete in Gebrochenheit, aufstehen ließ in Mutlosigkeit, die Augen aufschlagen ließ in Seelenumdüsterung und dem stumm gewordenen Mund eine eigene Sprache zurückgab.

Nicht ein einziges solcher „Wunder" der Menschlichkeit käme zustande in einer Sphäre der Gebote und der Vorschriften. Wie zärtlich muss man einen Menschen streicheln, dass seine Haut sich vom „Aussatz" „reinigt"? Wie sanft muss man einem Menschen die Hände auflegen, dass hinter seiner Stirn das Fieber der Angst und der Unruhe sich langsam beruhigen kann?

Wie viel auch immer an den Wundererzählungen der Evangelisten auf spätere legendäre Übermalung zurückgehen mag – historisch gesichert dürfte sein, dass Jesus für die Menschen in seiner Nähe Worte und Gebärden fand, die ihnen halfen, ins Leben zurückzukehren. Was rituell einmal der „Tempel" gewesen war: eine Asylstätte für die Schutzsuchenden, gerade das wollte er mit seiner Person sein, wie es das rätselhafte Wort von der Tempelzerstörung im Prozess vor dem Hohen Priester zu besagen scheint (Mk 14,58). Er selber riskierte den Tod für seine Furchtlosigkeit und für seinen Freimut; doch schenkte er der Menschheit die Einsicht, dass die wahre Grenzlinie zwischen den Menschen nicht verläuft zwischen Tugend und Laster, Heiligkeit und Sünde, Orthodoxie und Häresie, sondern dass es allein darauf ankommt, sich selbst und die Menschen an seiner Seite in allem, was geschieht, zu *verstehen* und durch das Verstehen zu heilen.

Wie aber gelangt man dahin, selbst in „Kain" nichts anderes zu sehen als einen bloßen *Menschen*, keinen Teufel, kein Monstrum, nur einen verlorenen Menschen? Und wie gelangt man wieder an den Ort zurück, wo Jesus nichts anderes war als ein „honeymoon", wie der kanadische Chansonier Leonard Cohen in seinen *Songs of Love and Hate* einmal gesagt hat – die Erfüllung allen Verlangens und der Erfahrungsaugenblick einer nie gekannten Sinnlichkeit und Zärtlichkeit?

Zu allen Zeiten hat die Religion auf diese Frage zu antworten versucht und darauf antworten müssen; je nach der Art ihrer Diagnose fiel dabei natürlich auch die Art ihrer Therapie unterschiedlich aus. In jedem Falle aber bestand eine gewisse Ahnung, dass es nicht möglich sei mit den Mitteln der Moral und des Rechtes: mit der Anstrengung des Willens und der Klarheit der Gebote, auf „das Böse" im Menschen zu antworten. Die Moral kommt *zu spät*, um dem Menschen wirklich zu helfen; sie lindert nicht seine Not, sie vermehrt sie. Diese Entdeckung führt uns in das Zentrum nicht nur der gesamten Botschaft Jesu, in den Kern dessen, was „Christentum" eigentlich sein sollte, sondern sie wird uns vor allem dabei behilflich sein, uns selber in all den Momenten besser zu verstehen, da wir Dinge tun, die wir im Grunde gar nicht tun wollen. Wie sich der Teufelskreis von Angst und Verzweiflung öffnen lässt zu einer Haltung des Vertrauens und der Zuversicht, diese Frage bietet die Perspektive, innerhalb deren auch die Gestalt des Mannes aus Nazareth ihre entscheidenden Konturen gewinnt.

Worum es dabei geht, mag richtungweisend eine kleine indische Legende erläutern:

Der Anhänger des Guru kniete nieder, um in die Schülerschaft aufgenommen zu werden. Der Guru flüsterte das heilige Mantra in sein Ohr und warnte ihn davor, es jemandem zu offenbaren. – „Was geschähe, wenn ich es täte?", fragte der Schüler. – Sagte der Guru: „Jeder, dem du das Mantra enthüllst, wird aus den Fesseln der Unwissenheit und des Leidens befreit werden, aber du selbst wirst aus dem Kreis der Schüler ausgeschlossen und Verdammnis erleiden!" – Kaum hatte der Jünger diese Worte vernommen, als er auf den Marktplatz stürzte, eine große Menschenmenge um sich versammelte und das heilige Mantra wiederholte, so dass alle es hören konnten. – Die Schüler berichteten das später dem Guru und verlangten, den Mann wegen Ungehorsams aus dem Kloster auszuweisen. – Der Guru lächelte und sagte: „Er braucht nichts von dem, was ich lehren kann. Sein Handeln zeigt, dass er selbst ein Guru ist."

Mehr als alle Lehren, mehr als jedes Mantra, mehr als alle Wundertaten zählt ein Mensch, der es wagt, die Liebe zu leben, und der darüber die Angst vor der Ächtung der andern verliert. Ein solcher ist selber die Lehre, ist selber das Wort, ist selber das Wunder, in welches ein jeder sich selber verwandeln muss, um wirklich als Mensch zu sein und damit der Wirklichkeit des „Menschensohns" zu entsprechen. Ein solcher Mensch aber steht quer zu allem, was wir selbst 2000 Jahre danach in unserer geschichtlichen Wirklichkeit immer noch sind, – immer noch zu sein haben, wie man uns sagt. Nur: wer eigentlich hat in unserm Leben etwas zu sagen?

Dritte Spur

Die Perspektive der „Kleinen"

In jener Stunde traten die Jünger an Jesus heran, sprechend: Wer wohl der Größte ist im Königtum der Himmel? Da rief er ein Kindlein herbei, stellte es in ihre Mitte und sagte: Bei Gott ich sage euch: Wenn ihr euch nicht umstellt und werdet wie die Kindlein, nein nicht geht ihr ein in das Königtum der Himmel. Wer also niedrig sich macht wie dieses Kind, der ist der Größte im Königtum der Himmel. Und wer ein Kind, eins wie dieses, aufnimmt in meinem Namen, mich nimmt er auf. Wer aber einen dieser Kleinen, die auf mich hin vertrauen, verstört, dem kommt es zu, dass ein Eselsmühlstein um seinen Hals gehängt und er versenkt wird in der Tiefe des Meeres. (Mt 18,1–6)

Aus den Worten im 18. Kapitel des Matthäusevangeliums, aus den mahnenden Worten vor allem, können wir etwas lernen, das eine merkwürdige Mischung aus Verantwortung und Besorgnis, Vertrauen und Verstörung, Neuanfang und Zerbrechen, Aufblühen und Scheitern ist, denn es geht um die „kindlichen" Menschen mitten in der „Gemeinde" derer, die versuchen, wie Jesus zu glauben und mit Jesus zu lieben. Worte wie diese beeindrucken zunächst wohl in dem Schrecken, den sie verbreiten. Die schlimmste aller überhaupt nur möglichen religiösen Drohungen: die Warnung vor der Strafe der ewigen Verdammnis – hier wird sie ausgesprochen. Was wir hier vor uns haben, ist erneut eine „Jüngerbelehrung", deren erster Teil wesentlich dem Schutz und der Wertschätzung der „Kleinen" gewidmet ist. Was hier für Matthäus auf dem Spiel steht, ist, zwei Generationen nach Jesus, die Begründung einer Gemeinschaft von Glaubenden, die trotz aller Veränderungen zumindest grundsätzlich dem entsprechen soll, was einstmals gemeint war. Die Hochachtung vor den „Kleinen" erscheint da als besonders wichtig. Wer aber sind sie?

Schlägt man die Erklärungen zu der Stelle auf, so findet man eigentümlicherweise eine Querschnittmeinung, die in den „Kleinen" zum Teil sozial Entrechtete, Abhängige, Unterstützungsbedürftige erkennt, zum anderen Teil Menschen, denen es, entsprechend der Seligpreisung der „Armen im Geiste" (Mt 5,3), in gewissem Sinn an eigenem Urteilsvermögen, an innerer Glaubensfestigkeit mangele, und speziell in dieser zweiten Bedeutung hat man im Verlauf der Kirchengeschichte sich die Interpretation des 18. Kapitels bei Matthäus besonders zu eigen gemacht. Da soll es mitten in der Kirche eine Gruppe von geistig „Kleinen" und „Schwachen" geben, die man schützen müsse vor der Gefährdung durch die Intellektuellen, vor dem Ärgernis des Zweifels, vor der Verstörung des aufklärerischen Unglaubens. Die Pflicht dazu obliegt natürlich den „Hirten" der Herde, den beamteten Führern, den episkopalen Leitern der Kirche. Sie werden hier, entsprechend dieser Ausdeutung, unter Androhung der Höllenstrafe gewarnt, diese Gruppierung der leicht zu Beeinflussenden und eben deshalb besonders Schützenswerten etwa durch verwirrende Gedankenspiele durcheinanderbringen zu lassen. Und so walten die Bischöfe der Kirche denn auch ihres Amtes, indem sie jeden Ansatz zu einem glaubenslosen Intellektualismus bekämpfen.

Wie man das kann? – Zum Beispiel, indem man die Grenzen der Gemeinde nach außen hin abschirmt vor fremden Einflüssen, ungefähr so, wie im Zarismus des 19. Jahrhunderts an den Zollstätten Leute saßen, die überwachten, welche Bücher in das heilige Russland eingeführt werden durften: Welchen Inhaltes sind diese Schriften, und was wird geschehen, wenn „das einfache Volk auf dem Lande" beginnt, derartige Druckerzeugnisse zu lesen? Das waren die Fragen der Bücherzensoren des Absolutismus. Und ganz so über Jahrhunderte hin die katholische Kirche bis zum Jahre 1965! Da gab es einen *Index der verbotenen Bücher*, der jeden Katholiken vor der ungläubigen Literatur der Neuzeit abschirmte. Und das zu Recht, wenn es wirklich nötig ist, eine „Herde" Christi einzurichten, in welcher die geistig Unmündigen den Maßstab der Seelsorge bilden. Auf *sie* zu „achten" muss bedeuten, den Freiraum des Denkbaren einzuzuengen, den Mut zu neuen Gedanken im Keim zu ersticken, alles noch Unerprobte abzuwehren, könnte es doch diese Gruppe der geistig „Schwachen" und „Kleinen" nur allzu leicht überfordern! – Und da sei Gott vor! Hirten, die davor ihre „Herde" nicht schützen, soll wahrlich der Teufel holen, das hat man herausgelesen aus dieser Stelle bei Matthäus!

Und noch in unseren Tagen setzt sich das fort! Wer da etwa verlangen wollte, dass Fundamentalbedürfnisse der *Aufklärung* in der Kirche, zumindest heute, 200 Jahre danach, offen diskutiert würden, verlangt immer noch anscheinend zuviel von der „Herde" der „Gläubigen"; denn da sind ja die „Kleinen", die davor *geschützt* werden müssen! Diese „Kleinen" sind inzwischen recht *groß* geworden, sie können mittlerweile in den höchsten Ämtern sitzen, sie können Rektoren in Schulen sein, sie können Doktoren der Theologie sein, sie wachsen selbst auf zur Inthronisation auf Bischofsstühlen – alles das zählt nicht, sie müssen *geschützt* werden, sie müssen sich selber schützen in der Versicherung ihres Glaubens. Mit anderen Worten: Mit der dauernden Rücksicht auf die „Kleinheit" der geistig zu Kleinen, der geistig zu Schützenden hält man allererst, je länger es dauert, die Menschen *immer mehr* „klein", und hat man sie schließlich soweit: *kleinmütig* und *kleingeistig* und entsprechend engstirnig und engherzig, so melden sie sich zurück und verlangen, dass es ja nichts mehr gibt, das sie noch erweitern, verunsichern, erschüttern könnte. So reproduziert sich, wenn dies die Grundregel des Gemeindelebens wird, unfehlbar die Religionspsychologie einer *Sekte*: inwendig kompakt, selbstsicher, mit einem die Welt erlösenden Heilsauftrag begabt, nach außen hin aber ein lebendiges Museum, ein lächerliches Ensemble von hochideologisierten, immer getreuen Mitläufern, *ein geistiger Kindergarten*. Man begreift inzwischen nur allzu gut, dass es keinen „Glauben" geben kann und darf ohne Eigenentscheidung, ohne das Risiko einer eigenen Existenz, und dass es ein Kardinalfehler war und ist, den Glauben Jesu überhaupt in eine *Doktrin* verwandelt zu haben. Gerade die Intellektualisierung des „Glaubens" muss die Intelligenz fürchten, gerade die Formalisierung des Glaubensbekenntnisses muss sich schützen vor den Bewegungen des Lebens; anders gesagt: um das „arm im Geiste" so zu verstehen, muss man die Botschaft Jesu bereits einer vollständigen Perversion unterzogen haben.

In der Tat wollte Jesus, dass man die Welt betrachten lerne aus der Perspektive der Schwachen und Ohnmächtigen, und er pries selig den, der seine Armut begreift. Doch sollte er wirklich eines seiner kostbarsten Gleichnisse am Ende dieser ganzen Passage, die Geschichte von dem Hirten auf der Suche nach dem hundertsten Schaf (Mt 18,10–14, vgl. S. 44), lediglich

Liebe Leserin, lieber Leser,

vielen Dank, dass Sie dieses Buch gekauft haben. Gerne informieren wir Sie regelmäßig über unser Programm. Schicken Sie uns einfach die ausgefüllte Karte zurück oder senden Sie diese als Fax. Sie erhalten dann die neuesten Informationen zu unserem Programm per Post bzw. per E-Mail.

- ○ Senden Sie mir bitte Ihren Neuheitenprospekt
  - ○ einmalig ○ regelmäßig
- ○ Informieren Sie mich bitte per E-Mail über Ihre Neuerscheinungen

---

Datum, Unterschrift

Bitte per Post senden oder als Fax: 0 28 32/929-139

Vorname, Name

Straße, Hausnummer

PLZ, Ort

E-Mail

Beruf

| Porto |
| zahlt |
| Empfänger |

Deutsche Post ✂
ANTWORT

Topos Taschenbücher
Herrn Dr. Berthold Weckmann
Hoogeweg 100
47623 Kevelaer
Deutschland

Sie können uns helfen, Ihre Wünsche und Anregungen künftig noch besser zu berücksichtigen. Dazu beantworten Sie uns bitte folgende Fragen. Als kleines Dankeschön verlosen wir unter allen Einsendern viermal im Jahr ein Buchpaket mit 10 frei auswählbaren Büchern.

Diese Karte habe ich dem Buch entnommen:

_____

Ich bin auf dieses Buch aufmerksam geworden durch:

○ Prospekt _____

○ Anzeige in _____

○ Buchbesprechung in _____

○ Empfehlung von Freunden/Bekannten/Kollegen

○ Homepage des Verlags _____

○ Internet allgemein _____

○ Buchhandlung _____

○ Ich habe das Buch geschenkt bekommen

Wie hat Ihnen das Buch gefallen?

○ sehr gut   ○ gut   ○ mittelmäßig   ○ gar nicht

Mich interessieren aus dem Programm besonders:

○ Topos Premium
○ Geschenk
○ Lebenswissen – Lebenssinn
○ Spiritualität
○ Sachbuch
○ Biografien
○ _____

Zu diesem Thema sollte Topos Taschenbücher ein Buch in sein Programm aufnehmen:

_____

Weitere Anmerkungen:

_____

erzählt haben zum Zwecke einer bewahrenden Kirchenpolitik der Behütung, der treuen Umschirmung nach innen und der hermetischen Abschirmung nach außen? Wir begreifen, dass es gerade die Öffnung nach draußen sein wird, die Jesus mit seiner Meinung, mit seinem Typ von Frömmigkeit verbunden wissen wollte. Was aber, noch einmal gefragt, ist dann mit den „Kleinen" gemeint?

Eines steht fest, die Theologen haben an dieser Stelle, so interpretiert, nichts weiter als sich selbst in den Wortlaut dieses Textes hineinverlegt. Sie haben das gesamte Verhältnis der Gläubigen zu der Person des Jesus von Nazareth in ein reines Bewusstseinsphänomen verwandelt, und dementsprechend haben sie die Bestimmung der „Kleinen" für eine intellektuelle Größe, für eine Art Geistesschwachheit und Urteilsgebrechlichkeit erklärt. Gerade davon aber kann hier überhaupt nicht die Rede sein! Die Ausgangsszene selber zeigt, dass unter den „Kleinen" etwas völlig anderes verstanden werden muss und dass es *nicht um die Fragen einer intellektuellen Beziehung*, sondern um *die Probleme einer Existenzform* geht.

Da fragen die Jünger ihren Meister, was *Größe* sei unter den Augen Gottes, und die Antwort lautet: Schaut, ein Kind! Jesus nimmt es und stellt es in ihr Zentrum, in den Mittelpunkt von allem, wie wenn die gesamte Welt sich drehen sollte um dieses Kleine. – Was ist bei einem Kind derart groß, dass es unter den Augen Gottes nach Jesu Meinung für das Kostbarste von allem gilt, so sehr, dass Jesus an dieser Stelle sagen kann: „Wenn ihr euch nicht umstellt und werdet wie die Kindlein, nein, niemals geht ihr ein in das Königtum der Himmel"? Man muss genau hinhören, was für eine Vision von Menschsein Jesus da vorschwebt.

Was für ein Kind auf der Straße er aufgreift, lässt sich noch heute in den Souks und Basaren arabischer Dörfer und Städte finden: – ein Kind, verlumpt, verlaust und staubbedeckt, aber mit hell leuchtenden Augen, barfuß, aber mit einem in aller Armut lachenden Mund. Ein solches Kind soll der Maßstab sein, der alles andere für ungültig erklärt! Wenn man wissen will, was ein Mensch wert ist, will Jesus offenbar sagen, so muss man in seine Augen schauen, die der Spiegel seiner Seele sind, so muss man in sein Herz schauen, welches der Spiegel des Himmels selber ist –, wenn es nicht sturmgepeitscht von Angst verwüstet ist. Wenn man die Größe eines Menschen ermessen will, so muss man ihn in seiner Ausgeliefertheit und „Kindlichkeit" betrachten unter der Weite des Horizonts, und man muss in seiner Armseligkeit etwas wiederfinden von einem Königskind, einem *Kleinen Prinzen*.

Man müsste, um diese Botschaft zu verstehen, unbedingt das vielleicht kostbarste Märchen des 20. Jahrhunderts aus der Feder des französischen Dichters Antoine de Saint-Exupéry noch einmal existenziell neu verdichten, bis man entdeckt, dass das, was man in der Gestalt eines Menschen vor sich hat, in all seiner Kleinheit und Armut nicht ein Produkt von Staub und Wasser ist, nicht nur etwas in die Vergänglichkeit Ausgestreutes – es ist etwas von den Sternen Gekommenes, das, wenn es unverfälscht mit seinen großen Augen die Welt anschaut, lauter wunderbare Fragen an die sogenannten „großen" Leute zu richten weiß; vor allem diese: Worin sie eigentlich so groß sind, die „großen Leute"?

Schon 1958 drehte Richard Brooks nach dem Bühnenstück von Tennessee Williams den Film *Die Katze auf dem heißen Blechdach*, eine sehr wahre, psychisch stimmige Geschichte von dem jungen Brick, der nach dem Tod seines Freundes zu einem Alkoholiker wird; er fühlt sich impotent und hasst seine Frau dafür, dass er sich als einen Versager erlebt, er hasst seinen Vater, von dem er sich für homosexuell gehalten glaubt, doch weder er noch seine Frau begreifen so recht, dass das ganze Malheur dieses jungen Mannes durch die Übergestalt seines Vaters bedingt ist. Erst als an einem heißen Nachmittag die kondensierte Wut aller Beteiligten während einer langdauernden, langweiligen Geburtstags-Party, gespickt mit all den üblichen Nettigkeiten und kleinlichen Intrigen, zum Platzen kommt, erst als man den pflichtbewusst anwesenden Partypastor der Familie endlich verabschiedet hat, geschieht es, dass unten im Rumpelkeller, als „Big Daddy" die Treppe herunterkommt und seinen verzweifelten Sohn wie so oft stark betrunken antrifft, das erste wahre Gespräch zwischen dem Vater und seinem Jungen zustande kommt, ein Gespräch voller zuckender Blitze, voller Zornesausbrüche, die im Film sinngemäß mit dieser Frage beginnen: „Wieso bist du denn eigentlich ‚groß', Big Daddy? Weil du ein Kerl von zwei Zentnern bist – bist du deshalb ‚Big Daddy'? Oder weil du niemals etwas anderes neben dir gelten ließest? Was du sagtest, musste stimmen, denn du wusstest es. Wie du dachtest, musste ich denken, denn das war die Wahrheit. Nennt man dich deshalb ‚Big Daddy'?"

Kann es sein, dass Menschen „groß" sind, nur indem sie andere unter ihre Füße treten? Es gibt Menschen, die auf eine Weise „erwachsen" sind, dass sie Kinder kaum in ihrer Nähe dulden. Sie können nur leben mit dem, was sie selbst sind, und sie selber sind Überlebte, vorschnell Gereifte, so etwas wie wurmstichige Äpfel, die vor der Zeit sich röten, ehe sie inwendig zersetzt, faul und ungenießbar, jedoch immer schön aussehend, vom Stamm fallen. Kinder freilich kann man nicht täuschen; wenn sie in die Augen von „Erwachsenen" schauen, wissen sie sehr genau, was sie vor sich haben. Eben deshalb wohl meint Jesus, dies sei das Allergrößte im Leben: so wahr zu bleiben, dass es den Augen eines kleinen Kindes standhält, indem man die eigene „Kleinheit" nicht verleugnet und das Vertrauen aufbringt, mit ihr leben zu dürfen.

Das Unerhörte ist, dass man ein Kind liebhaben muss einfach dafür, dass es da ist. Jeden Erwachsenen wird man darauf befragen, weswegen man ihn wertschätzt, welche Eigenschaften man an ihm bevorzugt, was man mit ihm anfangen kann –, mit anderen Worten, wie man ihn in dem Räderwerk bestimmter wünschenswerter Funktionen so einsetzen kann, dass alles sich wie gewünscht abspult. Ein Kind hingegen hat noch nichts, es kann noch nichts, es ist noch nichts, es weiß noch nichts – und es ist trotzdem voller Weisheit! Es lehrt jeden Erwachsenen etwas über die Grundlagen des menschlichen Daseins: Man muss einen anderen Menschen liebhaben einfach für seine Existenz. Einfach durch die Tatsache seines Daseins kann ein Kind der reine Sonnenschein und das größte Glück seiner Eltern sein. Es vermag Freude zu schenken durch sein Lachen, Glück durch sein Lallen, Heiterkeit und Gelöstheit durch sein Spielen. Es mag daneben gewiss auch eine Menge an Unruhe und Ärger bereiten, es mag seinen Eltern ungezählte unruhige Nächte bescheren, doch all das übertönt nicht, was es auch tut: es enthüllt eine Dimension des Lebens, die den Erwachsenen oft genug verlorengegangen ist.

Man versteht die ganze Botschaft Jesu, wie Matthäus sie akzentuiert, im Grunde nur unter einer einzigen Voraussetzung: dass Jesus jeden Dünkel, jede Rangordnung, bei der es „große"

Leute gibt und „kleine" Leute gibt, beseitigen möchte im Namen derer, die bei solchen „Spielen" doch nicht mithalten können. Was Jesus will, von der Bergpredigt an, ist der vollkommene Verzicht auf jegliches „Besitztum", gleichgültig, ob wirtschaftlich, sozial, politisch, und zwar um der wesentlichen Armut der Menschen willen. Rein in sich betrachtet, sind die Menschen in der Tat nichts – eine Erfahrung, die man immer wieder ins Demütigende wenden kann und gewendet hat; Jesus aber meint es eben deshalb gerade umgekehrt: er geht von den Menschen aus, denen es selber unbezweifelbar scheint, dass sie nichts sind, doch gerade für die möchte er Partei ergreifen, gerade die sollen eine Chance im Rahmen all derer bekommen, die da glauben, etwas zu sein.

Fragen wir also, wer sind denn „die Kleinen" in diesem Abschnitt des Matthäusevangeliums, so lautet die erste Antwort jetzt: „Betrachtet die Kinder!" Das Gemeinte lässt sich konkret am besten verstehen, wenn wir den Begriff „die Kleinen" wiedergeben als: „alle, die verzweifelt sind", „alle, die seelisch leiden", „alle, die psychosomatisch am Ende sind": Alkoholiker, Drogenabhängige, Asoziale, straffällig Gewordene, Asylanten, Ausgesetzte, „alle durch das Maschennetz der sozialen Sicherung Gefallenen, alle an sich Chancenlosen ..."

Matthäus selber bestätigt eine solche „Übersetzung", indem er Jesus einmal sagen lässt: „Die Zöllner und die Huren kommen in das Himmelreich, ihr (die Hohenpriester) nicht." (Mt 21,31) Mit den „Huren" war es damals wohl nicht anders bestellt als heute: sie sind Menschen, die man herumstößt, indem man sie für ihre Schönheit beleidigt, für ihre Wirkung auf andere verschämt, bis dass sie „unverschämt" genug werden müssen, um sich mit Füßen treten und ausnutzen zu lassen.

Sie würden jeder Handbewegung, die sie wirklich streichelt, nachgehen, aber was man ihnen nachwirft, ist nichts als billiger Plunder und Geld. Vielleicht gibt es keinen Typ des Frauseins, der in der menschlichen Geschichte ausgebeuteter und entrechteter gewesen wäre als die Gestalt der Dirne. – Männlicherseits bieten in den Tagen Jesu die Zöllner ein Konterfei der Entfremdung menschlicher Arbeit. Sie stehen für all die Menschen, die sich bis zur Grenze des Charakterlosen prostituieren, indem sie lauter Dinge tun, die sie überhaupt nicht tun wollen, indem sie mitmachen in Sachen, die sie im Grunde anwidern, indem sie Dinge für richtig erklären, die sie überhaupt nicht rechtfertigen können, indem sie Gedanken vortragen, an die sie selbst nicht glauben, indem sie Sprüche hersagen, die sie selbst als hohl und sinnlos durchschauen –, aber für all das bekommen sie Geld, Einfluss und Macht. Das waren die „Zöllner" damals, und das sind sie bis heute: Gefangene ihrer selbst, Ausgelieferte an die Willkür fremder Herren, Marionetten in den Händen der Bestbezahlenden.

Beginnt man erst einmal, sich in diese Richtung voranzutasten, so versteht man mit einem Mal, dass alles Heil, wirklich eine Entscheidung über Leben und Tod, über Himmel und Hölle, darin liegt, wie man aus einer bestimmten Position des „Erwachsenenseins" herauskommt und es lernt, ein „Kind" zu werden. Das Hauptproblem des Menschseins liegt offenbar darin, dass wir es immer wieder mit Leuten zu tun haben, die ganz zufrieden mit dem scheinen, was sie repräsentieren; mehr vermeintlich wollen sie überhaupt nicht. Sie sitzen wohldekoriert da, in ihren Hosenträgern stramm, in der Pomade ihrer Haare glänzend, mit den zum Vorlesen vorgelegten Phrasen immer beeindruckend – ihnen fehlt wirklich überhaupt nichts, und das ist wahr: Mit dieser Sorte Mensch, mit diesen Krachledernen, diesen Arrivierten und Etablierten, hat Jesus sich ungeheuer schwergetan. Diese Leute haben niemals Ängste, sie verraten nicht die geringste Unsicherheit, sie genießen es, wenn andere, kaum dass sie in ihre Nähe treten, wackelige Knie und trockene Hälse bekommen. Wie erreicht man es, dass die Scheinsicherheit solcher „Erwachsenen" endlich in ihrer Pathologie entlarvt wird? Und wie rettet man in dieser Welt die Kinder? Wie ermöglicht man so etwas wie ein ursprüngliches Gefühl für das, was wirklich stimmt?

Das meinte Jesus offenbar, als er sagte: „Wenn ihr euch nicht umstellt und werdet wie die Kinder, so kann (frei übersetzt:) in euerem Leben niemals etwas richtig werden." Mit einer solchen Devise, freilich, ändert sich die ganze Welt(betrachtung). Eine kleine Probe aufs Exempel bereits kann uns das zeigen.

Setzen wir uns einmal hin, nehmen wir ein Blatt Papier und schreiben aus der Erinnerung einmal auf, welche Vorstellungen vom Leben, welche Träume wir hatten, als wir fünf Jahre oder zehn Jahre oder fünfzehn Jahre alt waren. Gemeint sind nicht die Träume, die unsere Eltern von uns hatten, noch ehe wir zur Welt kamen, gemeint sind die Träume, die wir selber damals von uns hatten, wie wir selber sein wollten. Ein paar Beispiele genügen da, um den Kontrast zwischen unserer ursprünglichen Kinderwelt und der Welt der Erwachsenen zu begreifen.

So wird es zum Beispiel kein Kind geben, das nicht zu Tode darüber erschrocken war, als es zum ersten Mal erleben musste, wie Menschen Tiere töten. Es gibt kein Kind auf Erden, das sich nicht eine Welt ohne Grausamkeit und Leid wünschen würde. Es wird auch kein Kind geben, das nicht entsetzt wäre, zu erfahren, dass das, was tagaus, tagein in den Nachrichten gesagt wird, tatsächlich Wahrheit ist. Da rollen wirklich stählerne Panzerwagen über lebende Menschen hinweg. Da werden wirklich aus den elektronisch gesteuerten Mündungsgarben der Artillerie Krankenhäuser beschossen und darinnen Frauen, Kinder und alte Menschen mutwillig verstümmelt und vernichtet. Wenn wir auch nur ein einziges Mal mit den Augen eines Kindes lesen wollten, was da wie etwas ganz Normales alltäglich in der Zeitung steht –, was für ein Bild würden wir dann von uns selbst, von uns „Erwachsenen" bekommen? Und schon sind wir dabei, die ganze Welt auf den Kopf gestellt zu finden.

Wir brauchen uns nur eine Welt zu wünschen, in der keine *Tiere* mehr *getötet* und keine *Menschen* mehr *geschlachtet* werden (man drehe die Worte nur einmal um!), dann funktioniert auf der Stelle unsere ganze Wirtschaft nicht mehr, dann bricht unsere ganze Gesellschaftsordnung zusammen, dann ist die gesamte bürgerliche Welt heute noch ruiniert – nichts mehr geht dann so weiter, wie es war! Aber sollen wir deshalb sagen: Wir blasen eben deshalb all die Kinderträume ab? Eben das heißt es ja vermeintlich, erwachsen zu werden: Wir ziehen die Knobelbecherschuhe an und werden endlich kernige Männer; wir lernen, wie man sich durchsetzt und draufhaut und stark wird, ganz wie man es von uns verlangt. Aber wer ist denn das eigentlich, der das von uns verlangt, so zu leben? *Gott* doch nicht! Wahr ist es aber, dass in unseren Köpfen eine Mechanik spukt, die auch noch die schlimmsten Handlungsweisen unter Umständen für unsere Pflicht erklärt. Es lohnt sich, all diese Zusammenhänge einmal bis ins Private durchzugehen.

„Wer ein Kind annimmt in meinem Namen" – im Grunde also: wer sich selber annimmt in seiner „Kindlichkeit" –, verheißt Jesus an dieser Stelle –, „der wird ganz nahe bei Gott sein."

Die elementare Wahrheit dieses Satzes kann man sich gar nicht konkret und oft genug im Umgang mit Menschen klarmachen. – Wie oft etwa geraten Ehepaare notwendig in die größten Schwierigkeiten, einfach weil jeder der beiden Partner vor seiner eigenen Kindheit und Jugend jeweils in die Arme des anderen geflohen ist? Sie haben sich vielleicht mit zwanzig oder mit fünfundzwanzig kennengelernt als gewissermaßen „fertige" Menschen, und seitdem beharrten sie voreinander darauf, in diesem Status eines fertigen „Charakters" in alle Zukunft auch zu verbleiben. All die Erlebnisse vor dieser Zeit, als sie noch klein waren, spielen jetzt in der Art ihres Zusammenlebens vermeintlich keine Rolle mehr. Sehr bald aber ist es in aller Regel gerade deshalb möglich, dass die Vergangenheit, vor der die beiden so sehr fliehen zu müssen glaubten, sich als die Drohung der Zukunft gestaltet – alles wiederholt sich! Spätestens von da an gibt es keinen anderen Weg mehr als zurück zu dem, was man einmal war, indem man buchstäblich „in Gottes Namen" das Kind annimmt, das man ständig verdrängen musste.

So erzählte vor einer Weile eine Frau:

Ich bin mit meinem neuen Freund in meine Kindheit gegangen, ganz wörtlich: ich bin mit ihm zu meinem Heimatort gefahren. Ich wollte ihm alles zeigen. Ich dachte: wenn er mich wirklich liebhat, dann wird er das verstehen, und ehe er das nicht versteht, wird er mich nicht wirklich liebhaben. Ich muss genauer sagen:

Ich hätte diese Fahrt in meine Kindheit nie für möglich gehalten ohne das Vertrauen, dass er das verstehen würde; es war mir aber überaus wichtig, dass er es verstehen könnte. Mit anderen Worten: ich hatte scheußliche Angst. Schon bei der Fahrt dahin war ich aufgelöst vor Tränen; ich wusste ja nicht, was jetzt passiert. Trotzdem haben wir es getan. Ich habe nicht gewagt, mit meinem Freund das Haus meiner Kindheit zu betreten, aber ich habe ihm alles erzählt, was sich damals in meinem Leben ereignet hat: Wir haben davor gestanden, und ich habe ihm geschildert, wie viel Armut dadrinnen gewohnt hat. Es gab keinen Tag, wo nicht irgendetwas sich ereignete, das mir Schuldgefühle machte. Ich habe meinem Freund den Weiher gezeigt, in dem ich fast ertrunken wäre: Ich hatte an einem Wehr gesessen und ein Stück Brot fallen lassen; ich hätte niemals zu meiner Mutter zurückkommen und ihr sagen dürfen: Ich habe eine halbe Semmel ins Wasser fallen lassen! Also bin ich dem Stück Brot nachgesprungen, obwohl ich überhaupt nicht schwimmen konnte; es ist ein Glück, dass ich noch lebe! „Doch schau: hier ist das passiert!" Oft habe ich später gedacht, es wäre eigentlich viel besser gewesen, man hätte mich niemals mehr da herausgezogen! „Und siehst du: Das ist die Wiese; sie war das Schönste in meinem Leben; so oft bin ich darüber gegangen!" Wenn ich zu Hause nicht wusste, wo ich hätte bleiben können, bedeutete die Wiese meine Rettung. Als ich mit meinem Freund dort war, stand sie voller Schneeglöckchen – eine wunderschöne, Schneeglöckchen bestandene Wiese! Mein Freund musste das verstehen – daraus ging mein Wesen hervor. Wenn ich heute noch lebe, so ist das für die Schneeglöckchen, für die ersten Schmetterlinge, für die ersten Bienen, für die ersten Strahlen der Sonne. Meine Liebe zu meinem Freund ist vielleicht der erste Frühling meines Lebens. Aber wie soll er sich ereignen, außer ich kehre zurück in die Tage meiner eigenen Jugend und darf wieder das sein, was ich damals war – ein Mädchen noch, gequält, voller Schuldgefühle, aber doch auch voller Träume, voller Hoffnungen! Wenn ich damals den Mond sah, konnte ich mir vorstellen, wie seine Rückseite aussieht. Wenn ich den Zug hörte, der hinter unserer Wohnung über die Gleise der Werksbahn fuhr, ging ich mit dem Mond am Himmel auf Reisen – jede Nacht. Ich kann mich noch entsinnen, wie es war, als man mir das erste Mal erzählte, dass es einen Weihnachtsmann gar nicht gebe, auch kein Christkind, auch keinen Osterhasen. Ich habe als Kind an all das geglaubt, weil ich an irgendetwas glauben musste; und jetzt sagte man mir plötzlich im Laden, als ich ein Pfund Kartoffeln holte und einen von den Schokoladenhasen mitnehmen wollte, in der Meinung, der Osterhase habe all das gebracht: „Du bist dumm, es gibt gar keine Osterhasen!"

Was für eine Kindheit hat diese Frau erlitten und wie schwer fiel es ihr, sich an all das in der Nähe ihres Freundes wieder zu erinnern! Wie im Leben dieser Frau durchzieht unser Dasein oft ein Paradox, das darin besteht, dass man erwachsen nur wird, wenn man alle Kinderträume wieder wahr macht! Natürlich gibt es keine Osterhasen, natürlich gibt es keine Christkinder, natürlich gibt es keine Weihnachtsmänner, natürlich gibt es keine über die Milchstraße ziehenden Mond-Schlitten, aber was es gibt, ist ein Stück *Schimmer der Gnade* über dem Haupt eines jeden Menschen, und wohin immer ein solcher Strahl des Himmels fällt, fängt etwas zu blühen an wie eine unvergleichbar kostbare und schöne Blume, die behütet werden will. Sie ist ein kleiner Prinz, sie ist ein ewiges Kind, sie ist ein Reifen unter den Sternen, ein Suchen nach

Wahrheit, ein Sich-Sehnen nach Unendlichkeit, sie ist der Anfang des Himmels auf Erden.

Das heißt es, sich anzunehmen als ein Kind.

Wir lernen so etwas heute in unserer Gesellschaft zumeist recht künstlich und wie ausnahmsweise in der Psychoanalyse, in der Psychotherapie; doch auch dort beginnt alles damit, dass wir die Worte, die wir unserem Vater, unserer Mutter, unseren Geschwistern damals *nicht* haben sagen können, *heute* zurücklernen, und wir dabei anfangen, alle „Väter" und „Mütter" nicht mehr für so absolut wichtig zu nehmen, wie wir sie damals als verängstigte Kinder erleben mussten. Indem wir in diesem Sinne wieder zu „Kindern" werden, werden wir zugleich unabhängig, mündig und stark, da werden wir in der Sprache Jesu zu „Kindern Gottes", zu „Erben" *seines* „Reiches". Alles, was man sonst von außen äußerlich verlangt, erscheint, gemessen daran, jetzt fast wie lächerlich; doch diese Wahrheit wird uns keiner mehr austreiben können: „Da kann die ‚Welt' machen, was sie will: das, was wir sind, lässt sich nicht mehr kaputtmachen." (Vgl. Mt 10,28) *Das* ist der ganze Jesus, das seine ganze Botschaft, darauf ruht seine Verheißung.

Doch mit dieser Auslegung ist immer noch nicht recht verständlich, warum Jesus gerade an dieser Stelle, da er für mehr „Kindlichkeit" eintritt, derart heftige, ängstigende Drohungen ausstößt. Man muss, um das zu begreifen, sich noch einmal genau anhören, was Jesus hier sagt: „Wer aber einen dieser Kleinen, die auf mich hin vertrauen, verstört, dem kommt es zu, dass ein Eselsmühlstein um seinen Hals gehängt und er versenkt wird in der Tiefe des Meeres." Da haben Menschen also gerade gelernt, in Richtung der Person des Jesus von Nazareth auf ihr eigenes Leben wieder Zuversicht zu setzen, da beginnen sie gerade, an ihre Würde wieder zu glauben, da kommen diese Leute daher, die sich „groß" aufspielen, indem sie ihre alte Angst, die sie „Gott" nennen, dagegen setzen! Da wird Gott, meint Jesus, nicht mitspielen! Das lässt er mit sich nicht treiben! Die Anfänge der Werke seiner Gnade wieder auszutreten mit breiten Schuhen – das duldet er nicht! Wenn es irgendein wirkliches Verbrechen gibt, dann besteht es darin, das mühsam beginnende Vertrauen von Menschen wieder durcheinanderzubringen mit den tradierten Dauerredensarten und den für sakrosankt erklärten falschen Auskünften. Da wäre es wirklich besser, solche Leute hätten nur eine Hand oder nur einen Fuß oder nur ein Auge, sie verstümmelten sich selbst, als dass sie so weitermachen würden. (Vgl. Mt 18,8–9)

Buchstäblich mit Händen und Füßen können Menschen das Vertrauen, das sich aus der Botschaft Jesu gebildet hat, durch „Großtuerei" verstören, und zwar auf ganz einfache Weise. Es genügt, dass es Leute gibt, die gewöhnt sind, im Leben ihre „Ärmel" aufzukrempeln: Sie haben gewissermaßen Hände wie Schraubstöcke, sie wissen stets, wie die Dinge anzupacken sind, sie sind die Großhändigen, die Großmächtigen; überall, wo sie ihre Faust hinlegen, wächst kein Gras mehr, und sie schlagen drauf, wo sie wollen. Das sind die Leute, die es in der Hand haben, andere Menschen zu „manipulieren", wie sie es möchten.

Und daneben gibt es die Leute mit den großen Füßen, die Standfesten, die gewissermaßen Charakterstarken, die da, wo sie sind, wie aus Beton aus der Erde gewachsen zu sein scheinen. Beide, die Manipulierenden ebenso wie die „Verbunkerten", können die Art von Vertrauen völlig durcheinanderbringen, die Jesus den „Kleinen" zu bringen kam, und Jesus scheint zu meinen: Wenn ihr nur die Hälfte all euerer zerstörerischen Scheinsicherheiten behieltet, so wäre es doppelt so gut! Denn nur dann hättet ihr eine gute Chance, mit Menschen so zu leben, dass es euch Gott näher bringt. Woran die Menschen am meisten leiden, ist offenbar diese „Beidhändigkeit" und „Breitbeinigkeit", mit der ein Mensch vor dem anderen dasteht und sich selbst für den Maßstab erklärt. Auch die Leute, die dauernd das „Richtige" im Auge haben, die vermeintlich Weitblickenden, die angeblich Vorausschauenden, die mutmaßlich Einsichtigen, die Leute, die ständig die Neigung haben, für die andern mitzusehen, die hinterlassen nichts als eine Heerschar von Abhängigen, von Entmündigten, von Blinden – von *armen Teufeln* gewissermaßen. Menschen aber, die andere Menschen verteufeln, *leben* die nicht selber schon in der „Hölle"? Wirklich: „Halbiert" wäre besser!

Wie aber rettet man die *Kindlichen*? Das ist die große Frage des Matthäusevangeliums. Es ist ein unerhörtes Gleichnis, mit dem Jesus in der Geschichte vom verlorenen Schaf im Sinne des Evangelisten jetzt darauf Antwort gibt.

Wenn jemandem 100 Schafe gehören, und es verirrt sich eins von ihnen, lässt er nicht die 99 auf den Bergen und geht und sucht das verirrte? Und wenn es gelingt, es zu finden, bei Gott, ich sage euch, er freut sich an ihm mehr als an den 99, die sich nicht verirrt haben. Ebenso ist es nicht der Wille vor eurem Vater, dem in den Himmeln, dass verloren gehe eines dieser Kleinen. (Mt 18,12–14)

Was Jesus in dieser kleinen Erzählung sagt, richtet sich gegen jede verfasste Ordnung von Kirche oder Synagoge. Es ist ein Programm, das alle Grenzen zersprengt, in die man die „Herde" der Gläubigen seitens der „Kirchenleitung" immer wieder einsperren möchte. Man muss Jesus, ehe er diese Geschichte vom hundertsten Schaf erzählte, wohl immer wieder gefragt haben: „Rabbi, wie kommst du darauf und wie rechtfertigst du das, was du tust? All die Leute, die Sabbat für Sabbat in die Synagoge gehen, die in den heiligen Texten lesen, die auf die Erklärung der Rabbinen hören, die sich an die Gesetze Israels halten, die alle sind dir offensichtlich egal, aber irgendwelche Huren und Zöllner, Nachteulen und Tagediebe, Leute, auf die man nur spucken kann, Asoziale aller Art, denen läufst du nach! Du tust uns Unrecht! *Wir* verdienen, dass man uns beachtet; auf *unserer* Seite steht Gott! Du aber löst jede klare Grenzziehung auf, du ergreifst immer Partei für die Verkehrten, du engagierst dich für Leute, die es gar nicht wert sind!"

Wäre es nicht möglich, dass irgendjemand, der in seinem Leben nie eine Chance hatte – der mit 18 Jahren schon hinter Schloss und Riegel kam und da sitzen musste für die nächsten 20 Jahre, der mit 38 Jahren rauskam, nur um nach zwei Jahren wieder reinzukommen –, dass ein Mensch, der nichts ist als eine gescheiterte und verlorene Existenz, etwas zu sagen hätte, das uns alle angeht – über den Zusammenhang von Gut und Böse und Schuld und Unschuld im menschlichen Leben?! Wie man da rumgestoßen wird gleich einer Billardkugel, könnte so ein Mann uns erzählen, und wir würden mit einem Mal begreifen: *Jeder*, wenn er nur tief genug nachdenkt, könnte eine ähnliche Geschichte erzählen; und offenbar immer erst in der Nähe der Tränen, immer in der Nähe des Leidens, immer in der Nähe der Verlorenheit lernen wir etwas über *Gott*. Wir lernen, die falschen Wichtigkeiten abzubauen und endlich ernst zu nehmen, was Menschen auferbaut. Es sind die vermeintlich

Gescheiterten, die uns ein Stück von der zerstörerischen Kraft des sogenannten normalen Zusammenlebens lehren und uns zeigen, wie man die Grenzen erweitern müsste, um sie zu erreichen. Und gerade zu diesem Zweck erzählt Jesus uns dieses Gleichnis von dem verlorenen Schaf.

Wenn man erst einmal begreift, was Jesus hier meint, so ist jede kirchliche Gesetzgebung am Ende. Jesus meint nämlich, dass es lauter Menschen gibt, deren Leben wie das eines solchen Schafs im Gebirge ist: Es findet sich nicht mehr zurecht. Anders als die bergebewohnenden Ziegen sind Schafe wirklich „dumm", was die räumliche Orientierung angeht – als Steppentiere finden sie von allein nie nach Hause. Sie können nur daliegen und mäh-mäh! sagen. Und kaum blöken sie herum, locken sie natürlich die Beutegreifer an. Es scheint äußerst wahrscheinlich, dass bald schon Hyänen und Geier auf ein einzelnes solches Schaf aufmerksam werden. Der Hirte *muss* sich also aufmachen und es bald wiederfinden, sonst ist es verloren. Und selbst dann wird er es nicht einfach zurücktreiben können, so müde und entkräftet, wie es ist. Also nimmt er es auf den Arm und trägt es selber nach Hause.

Übersetzen wir uns dieses Bild ins Menschliche, dann finden wir in diesem ebenso erschütternden wie tröstenden Gleichnis das ganze Leid des Menschen in seiner Hilflosigkeit und Ausweglosigkeit beschrieben. Wenn *dies* das Bild des Menschen ist: – er kann nicht vor- und rückwärts, selbst seine Hilferufe geraten ihm noch zur Gefahr, selbst wenn man ihm näherzukommen sich bemüht, wird er von sich her doch kaum vorankommen, man muss ihn förmlich nach Hause *tragen* –, dann stehen wir mit Sicherheit vor der Schwierigkeit, dass alsbald die Leute in der Hürde kommen werden, um uns zu sagen, wir hätten auf unverantwortliche Weise nur Zeit und Energie vergeudet; und schon werden wir wissen, mit was für Schwierigkeiten Jesus es zu tun hatte und wie *modern* all die Fragen sind, die dieser Mann aufgeworfen hat.

Solange wir sagen: hier ist die Norm – wer sie einhält, ist gut –, wer sie übertritt, fliegt raus, ganz einfach, haben wir von der Botschaft Jesu nichts verstanden. Wenn aber die Welt sich drehen soll gerade um die Rausgeflogenen, wenn gerade sie die Welt derer, die erwiesenermaßen in Ordnung sind, ja, die mit ihrer Stellung und mit ihrer Einstellung die Ordnung selber sind, in Frage stellen dürfen, so schafft doch das nur Unordnung. Und doch, meint Jesus, ist diese „Unordnung" die einzige „Ordnung", die vor Gott und den Menschen Bestand haben könnte.

Die „Kleinen" und die „Armen" – das sind heute die Menschen, die mit ihren Habseligkeiten auf dem Flughafen in Frankfurt ankommen; hinter ihnen liegt der Tod, aber vor ihnen liegt die deutsche Bürokratie, und die wird erklären: „Ihr seid nur ‚Wirtschaftsasylanten' – so sorry! Ihr habt keinen deutschen Pass, ihr habt keine deutschen Eltern in der soundsovielten Linie eurer Vorfahren, ihr seid lediglich Äthiopier – das genügt nicht! Nicht in Deutschland! Wir sind kein Einwanderungsland!" (Vgl. dazu den Erstveröffentlichungshinweis S. 117). Wenn wir mit den Augen Jesu sehen könnten, so wüsste ein jeder, dass menschliche Not keinen Aufschub duldet. Um es so zu sagen: Wenn in unserem Nachbarhaus jemand dabei wäre, zu verhungern, wir hörten seine Hilfeschreie, aber wir gingen nicht hin und gäben ihm zu essen, so könnte der Staatsanwalt kommen und uns wegen unterlassener Hilfeleistung verklagen. Was aber soll man von oder zu Politikern sagen, die im Jahr Milliarden für Panzerwagen und Raketen ausgeben, während sie dem Tod von Millionen verhungernder Menschen auf diesem Globus ungerührt zuschauen? Kann uns deren Leiden wirklich egal sein, bloß weil sie Tausende Kilometer südlich wohnen, nicht im Nachbarhaus, sondern geographisch etwas weiter? Und weil sie nicht Hochdeutsch reden, sondern vielleicht Arabisch oder Bengali oder Urdu reden, sind sie deshalb keine Menschen?

Da steht wirklich alles auf dem Spiel, was wir mit den „Kleinen" machen. Schlimmer als dass wir sie verhungern lassen, können wir sie wohl kaum „verstören". Freilich, wir können sie zuvor noch lehren, wie aus Armut Armseligkeit wird und aus der Armseligkeit Verzweiflung und wie sie von keinem Gott im Himmel mehr hören möchten, weil sie keinen Menschen mehr auf Erden finden. Das alles können und werden wir erreichen, das kann und wird die Zukunft von morgen sein – wir müssen nur so weitermachen! Wir müssen nur immer noch denken: All die Worte Jesu sind gesprochen vor 2000 Jahren, aber es hat viel Zeit, bis wir irgendwas davon wirklich tun! Wofür auch haben wir eine so famose Kirche, einen so famosen Staat! Es bleibe nur alles, wie es sei!

Eine halbe Bibelseite entscheidet da wirklich, und zwar nicht erst im Jenseits, über „Himmel" und „Hölle"; alles fängt *jetzt* an! Ob wir selber uns aufführen wie die Teufel oder wie die Engel, das können wir wählen, und entlang dieser Frage steht zur Entscheidung an, wie weit wir es wagen, *Kinder* zu werden. Das Vertrauen in die Menschen ist da unbegrenzt! Kein Kind gibt es, das von Natur aus hartherzig sein wird; kein Kind gibt es, das nicht wüsste, dass Streicheln Heilung bedeuten kann, dass Zärtlichkeit lebensnotwendig sein kann, kein Kind existiert, das nicht wüsste, dass jedes Kind genauso willkommen ist wie es selbst, ob es schwarz aussieht oder gelb aussieht oder weiß aussieht – seine Sprache kann klingen, wie sie will, ein Kind wird sie über kurz oder lang verstehen, schon weil das andere Kind genauso spielt wie es selber, genauso lacht wie es selber, genauso weint wie es selber, genauso Kind ist wie es selber. Also werden wir *Kinder*, wunderbare, eingeladene *Kinder Gottes!*

Das meinte Jesus wirklich: Wer Heil stiftet, indem er den andern heil macht und zusammenfügt, der verdient den Namen eines *Sohnes*, einer *Tochter* Gottes (vgl. Mt 5,9).

Vierte Spur

Wovon die Menschen leben

Wenn irgend man nach einem Text sucht, der auf einer halben Seite die Botschaft Jesu im Kern enthält, so ist es unzweifelhaft das Gleichnis von dem begnadigten, doch ungnädigen Königsdiener – es ist das wohl schönste: das provozierendste, verzweifeltste und hoffnungsvollste Gleichnis aus dem Munde Jesu. Diese Worte schließen alles in sich, was er uns sagen wollte, und sie zeigen zugleich, wie er es in die Tat umsetzte: Nichts war Jesus wichtiger, als die Grenzen Israels zu öffnen für die Menschen *außerhalb* aller Grenzen. Niemanden sollte es mehr geben, der im Namen Gottes von Gott ausgeschlossen würde. Es muss vielmehr die innerste Erfahrung Jesu beim Lesen der Propheten oder der Psalmen gebildet haben, dass kein Mensch vor Gott auch nur den Hauch einer Chance besäße, am Leben zu bleiben, wäre Gott so, wie die Theologen ihn schildern: *gerecht!*, und handelte er an uns Menschen so, wie wir es verdienen: *strafend!* Was Johannes der Täufer ins Werk gesetzt hatte, muss bis zu einem bestimmten Punkt auch Jesus als evident erschienen sein: Würde Gott sich lediglich an sein eigenes Gesetz, an die „Gerechtigkeit" halten, so stünde unbedingt eine neue Sintflut bevor. Kein Mensch hätte da eine Aussicht, ihr zu entrinnen, es sei denn, er nähme das Strafgericht Gottes freiwillig vorweg, er würde all seiner Schuld geständig und reuig sein, und er ließe sich hinabtauchen in die Fluten, um wieder aufzuerstehen in Vergebung. Johannes der Täufer hatte in den Augen Jesu in gewissem Sinne vollkommen recht und unrecht zugleich: Dass es uns noch gibt, liegt daran, dass Gott seit Urzeittagen auf das Strafgericht einer Sintflut, die wir verdient hätten, *Verzicht* tut bis ans Ende der Zeiten! Was aber folgt nun daraus?

Die Menschen – das muss die Erfahrung Jesu im Umgang gerade mit den Kranken, den Verlorenen, den Ausgestoßenen gewesen sein – *können* aus eigener Kraft überhaupt nicht „umkehren", sie können ihr Leben nicht einfach ändern, selbst wenn sie es wollten. *Das* unmittelbar vor diesen Worten war der Inhalt noch des Gleichnisses Jesu von dem hundertsten Schaf gewesen: Er nimmt es auf seine Arme und trägt es in die Hürde zurück. So, wollte Jesus sagen, muss Gott an einem jeden von uns tun, denn anders vermöchten wir durchaus nicht zu leben. Ein *jeder* von uns ist angewiesen auf ein grenzenloses Erbarmen. Unabhängig davon vermöchte er, eingezwängt in die Begriffe von Recht und Unrecht, überhaupt nicht zu existieren!

Vor allem muss Jesus deutlich gemerkt haben, dass es das *Prinzip der Gerechtigkeit* ist, das den Rechtlosen im Volk keine Chance lässt; also muss man die gesamte Grundlage des Zusammenlebens der Menschen, das ganze Fundament allen Rechthabens und aller Rechthaberei aufbrechen, damit die Menschen leben können. Die gesamte Provokation des Auftretens Jesu liegt darin begründet, dass er generell und universell den Menschen nahebringen wollte, auf jeden Rechtsanspruch gegen ihresgleichen *Verzicht* zu tun, – der Wahrheit zuliebe und den anderen zuliebe, die immer wieder beim Reden vom Recht nur unter die Räder kommen. Niemand wäre „gerechtfertigt", wollte er wirklich damit beginnen, seine gusseisernen religiösen, moralischen und juristischen Prinzipien auf Gott zu gründen. Er selber hielte nicht stand, wenn er bestimmte menschliche Gesetze verunendlichen und in Gott selber hineinprojizieren wollte. Als erstes, meinte Jesus, brauchten wir deshalb die Erfahrung nicht eines erhobenen Zeigefingers, sondern einer ausgestreckten Hand, die uns hinwegträgt über den Abgrund, der sich zwischen den künstlichen Begriffen von Gut und Böse vor unseren Füßen auftut. Nur weil Gott uns aushält, werden wir uns selber erträglich. – So erzählt Jesus dieses Gleichnis von dem „Schalksknecht" eigentlich, um einen jeden, der es hört, dahin zu führen, sich selbst mit seinem Leben in dieser Geschichte wiederzuerkennen.

Vergleichbar ist das Königtum der Himmel einem Menschenkönig; der wollte Abrechnung halten mit seinen Knechten. Kaum aber hatte er mit der Abrechnung begonnen, da wurde einer ihm vorgeführt – verschuldet in Höhe von 10 000 Talenten! Da er natürlich nicht in der Lage war, die Summe zurückzuzahlen, befahl der Herr zu verkaufen: ihn selbst, seine Frau, seine Kinder, alles, was er hatte, und zurückzuzahlen. Da warf sich der Knecht nieder und bat ihn kniefällig, sprechend: Sei langmütig mit mir, ich will dir doch alles zurückzahlen. Da tat es dem Herrn weh ob jenes Knechtes, und er ließ ihn frei; sogar das Darlehen erließ er ihm. Kaum aber war jener Knecht draußen, da traf er einen seiner Mitknechte, der schuldete ihm nur 100 Denare. Den griff er und würgte ihn, sprechend: Zahle zurück, wenn du was schuldig bist. Da warf dieser, sein Mitknecht, sich nieder und redete ihm zu, sprechend: Sei langmütig mit mir, ich will dir doch zurückzahlen. Der aber wollte nicht, sondern er ging weg und ließ ihn ins Gefängnis werfen, bis er die Schuld zurückgezahlt habe. Als nun seine Mitknechte sahen, was da geschah, wurden sie sehr bitter, sie kamen und berichteten ihrem Herrn ausführlich alles, was da geschehen war. Darauf rief ihn sein Herr zu sich und sagte ihm: Du böser Knecht! Ganz habe ich dir jene Schuld erlassen, da du mir zugeredet hast. Hättest nicht auch du dich deines Mitknechtes erbarmen müssen, wie ich mich deiner erbarmt habe? Und voller Zorn übergab sein Herr ihn den Folterern, bis er zurückgezahlt habe: ganz, die Schuld, an ihn. (Mt 18, 23–34)

Alles in dieser Erzählung geht scheinbar paradox zu. Normalerweise werden wir belehrt, dass es in unserer eigenen Hand liege, zwischen Gut und Böse frei zu wählen und dementsprechend unsere Schuld zu begrenzen. Die Voraussetzung aller *Ethik*, die man uns beibringt, liegt darin, dass wir, wenn wir etwas Böses getan haben, es selber wieder korrigieren können. Die *Freiheit unserer Entscheidung* und die *Begrenzbarkeit unserer Schuld,* – darauf beruht scheinbar die gesamte Regel des menschlichen Zusammenlebens in Kirche wie Gesellschaft. Genau aber gegen dieses Grundprinzip richtet Jesus sich in diesem Gleichnis, in dem er leidenschaftlich an ein *grenzenloses* Mitleid mit all den Menschen appelliert, die in ihrem gesamten Lebensgefüge aus den Maschen der konventionellen Definitionen von Gut und Böse herausgefallen sind. Normalerweise sehen wir diesen Schaden so deutlich nicht, aber wie wenig gehört dazu, eine Tat zu begehen, die uns aus dem gesamten Kordon des sozialen Zusammenhaltes herausstößt! Eine einzelne Handlung im Affekt, ein einziger öffentlicher Skandal, ein gewisses moralisches Gebrechen, das lange Jahre mit Erfolg verborgen wurde, nun aber plötzlich ruchbar wird, reicht völlig aus, die gesamte soziale Existenz eines Menschen zu ruinieren; und je höher jemand zu stehen meinte, desto tiefer ist jetzt sein

Fall! Alle vermeintlichen Verdienste gelten da plötzlich nichts mehr, so dass man sich fragen muss, ob sie überhaupt jemals etwas gegolten haben.

Leben wir im Grunde nicht alle von dem Vertrauen, wenn es drauf ankommt, auch ohne Vorleistungen akzeptiert zu werden? Wann aber können wir das wirklich von Grund auf glauben? Muss unsere Existenz erst einmal als berechtigt erwiesen werden durch Tüchtigkeit und Züchtigkeit, durch Tauglichkeit und Tugendhaftigkeit, durch Redlichkeit und Rechtlichkeit, so sind wir im Grunde Verlorene. Das will Jesus mit diesem Gleichnis deutlich machen: Treten wir vor Gott hin, und die Frage ergeht in absoluter Strenge, wo wir stehen, so sind wir alle in einen Schuldzusammenhang hineinverwoben, aus dem es kein Entrinnen gibt! Der Gerechtigkeit nach müssten wir jede Schuld abarbeiten und wiedergutmachen; und tatsächlich: jede Anweisung in Staat und Kirche wird uns auferlegen, für alles begangene Unrecht konsequent geradezustehen und alles zu veräußern, ja, notfalls pfänden zu lassen, was wir noch unser Eigen nennen. Doch wenn diese Art von „Gerechtigkeit" auch vor Gott gelten soll – buchstäblich: dann gnade uns Gott! Genau das erzählt Jesus in seinem Gleichnis – nichts seit 2000 Jahren scheint sich da geändert zu haben: „Verkaufen", befiehlt der König, „deine Frau, dein Kind, und du selbst: in den Schuldturm!" Dabei weiß er genau, dass auf diese Weise sich nicht einmal ein Winziges von der Schuldenlast seines Dieners auch nur für die Zinstilgung abtragen lässt; am Ende ist auch mit einer lebenslangen Haft dieses Mannes nichts gewonnen; es liegt mithin sogar im Interesse des Königs selber, wenn er angesichts der erdrückenden Schuldenlast seinem Knecht alles erlässt und ihm *vergibt* einfach auf das Flehen um Gnade hin!

Wer diesen Teil des Gleichnisses bis dahin begriffen hat, dem ist die Grunderfahrung der gesamten Verkündigung Jesu evident, und alles Folgende ergibt sich dann wie von selbst, einschließlich der dringlichen Bitte Jesu im *Vaterunser*: „Vergib uns unsere Schuld, wie auch wir hiermit vergeben unsern Schuldigern" (Mt 6,12). Im Sinne Jesu geht es entscheidend im menschlichen Leben weder um „Ethik" noch um „Moral", die doch nur zu der Formulierung bestimmter „Rechte" und „Pflichten" führen, niemals aber zu dem unbedingten *Verzicht* auf alles Denken in Rechten und Pflichten angesichts der unsäglichen Hilflosigkeit der Menschen. Unter den Augen Gottes sind es im Grunde lächerliche Beträge, die wir, ein Mensch gegenüber dem anderen, zu verrechnen haben!

Allein schon der einfache Gedanke, wie wenige Jahrzehnte nur wir miteinander auf dieser Erde zu leben haben, sollte im Gegenüber des dunklen Angesichts des Todes uns einander wechselseitig an die Hand nehmen lassen als Schwestern und als Brüder. In *Dankbarkeit*, als dem Tode gerade Entronnene, sollten wir uns einander in die Arme schließen und uns gemeinsam der wenigen Jahre erfreuen, die wir miteinander leben dürfen, ein jeder dankbar für das Geschenk seines Lebens und für das Geschenk des anderen neben ihm, mit ihm. Sobald wir vor diesem Hintergrund prüfen, was wir einander vorzuwerfen haben, sind es allemal Lappalien und Nichtigkeiten, nie etwas wirklich Wesentliches und Entscheidendes. Ja, Jesus fügt noch hinzu: allesamt dem ewigen Richter *Entlaufene* sind wir, von Grund auf *Begnadigte* sind wir! *Das* ist seine Gefühlslage, *das* seine Stimmung, die er uns mitteilen möchte, auf dass wir endlich aufatmen und die Freude spüren, *sein* zu dürfen, als Unberechtigte zwar und doch als Gerettete, als im Unrecht

Befindliche zwar und doch als Begnadigte. Es ist ein Gefühl, die ganze Welt umarmen zu mögen.

Eins nur, meint Jesus, würde Gott, der himmlische König, nicht verstehen: dass wir, ganz im Gegenteil, so wie wenn wir nicht genau begreifen würden, dass es sich gerade so verhält, einander an die Gurgel gingen und nach wie vor dem Wahne folgten, Rechtsstandpunkte gegenseitig aufrechnen zu können. Um davor zu warnen, schildert Jesus das Kontrastbild eines zornmütigen Königs, da malt er bitter gewordene Knechte angesichts einer Rechthaberei, die schon im Unrecht ist aufgrund jenes Erbarmens, von dem sie selbst doch lebt und das sie mitteilen müsste bis an den Rand der Welt.

Alles, was Jesus hat sagen wollen und was er je getan hat an Provozierendem, Aufrührendem, Revoltierendem liegt in diesem einen Gleichnis vollkommen beschlossen. Wie ernst er diese seine Botschaft meint, hat er immer wieder bewiesen, indem er – gar nicht oft genug kann man darauf hinweisen! – Zöllner und Sünder, Huren und Bettler, Asoziale aller Art an ein und denselben Tisch lud. Dies war sein Grundmotiv: man sollte sich *versammeln* unter den Augen Gottes, und niemand sollte dabei von der Mahlgemeinschaft der Gnade ausgeschlossen sein. Das war es, was Jesus als wesentliches, fast als einzig wirklich Unvergleichliches in die Religionsgeschichte der Menschheit einbringen mochte. Jeder andere Standpunkt, der von dem Gedanken eines voraussetzungslosen Erbarmens abweicht, bedeutet demgegenüber einen Rückfall ins Moralische; da akzeptiert man den anderen wieder nur *unter gewissen Bedingungen*; man sagt zu ihm: „Du gehörst zu uns, wenn du dich nach unseren Geboten, nach diesen Gesetzen, nach jenen Verpflichtungen richtest. Jede menschliche Gemeinschaft hat ihre Spielregeln; wenn du dich daran hältst, bist du einer von uns; wofern nicht, schließt du dich selber aus, und wir sind im Recht, wenn wir über dich den Ausschluss verfügen." Allüberall ist diese Denkweise etwas scheinbar Selbstverständliches.

Jesus aber will mit ihr brechen, weil er sieht, wie viele Menschen dabei zerbrochen werden, und weil immer wieder nur eine bestimmte Gruppierung von vermeintlich ewig Richtigen am Ende noch sich auf der Seite Gottes fühlt. Genau das nicht!, denkt er. Wenn von Gott die Rede ist, so tritt damit etwas absolut Neues in das Leben, das alle Rechte von Menschen gegeneinander und untereinander zersprengt. Gegenüber Gott haben wir keinerlei Rechte; und wenn das so ist, welche Rechte hätten wir dann wohl gegeneinander einzuklagen?

Man hört ganz richtig: was Jesus hier einbringt, ist *Vergebung als Prinzip*, als Lebensgrundlage. Er kehrt das Prinzip der Ethik schlechtweg auf den Kopf, das uns üblicherweise sagt: Durch dein Vergehen wirst du schuldig, aber du kannst das Begangene sühnen, du kannst das Vergangene wiedergutmachen, du kannst dich *bessern* und dadurch Vergebung *verdienen*. In dieser Reihenfolge geht es überhaupt nicht!, meint Jesus; kein Mensch kommt auf diese Weise mit sich zurecht. Das erste, was er von Grund auf benötigt, ist die Zusicherung: *Du darfst sein*, mit allem, was du bist, mit allem, was du je getan hast, *weil du ein Mensch bist*, weil auch du *ein Kind Gottes* bist.

Das und nur das ist die Grundlage, um wirklich zu leben und heil zu werden.

Fünfte Spur

Vom Sinn der Vergebung

Die Kirche verfügt über eine gewisse Erinnerung an das, was ursprünglich mit „Vergebung" gemeint ist, und diese Erinnerung wäre an sich kostbar, wenn sie selbst nur ernstgenommen würde. In ihrer „Glaubenslehre" spricht die katholische Theologie davon, dass die „Beichte" nur empfangen werden könnte von demjenigen, der die Taufe empfangen habe. Das heißt soviel wie, dass jemand *Vergebung* nur erlangen kann, wenn er am eigenen Leibe erlebt hat, was es heißt, vom *Tode* überzugehen zum *Leben,* von der Schuld des Abgrunds hinüber in die rettende Hand Gottes selber.

Jedes Kommunionkind heute lernt, dass zu einer Beichte als erstes die *Gewissenserforschung* gehört. Das wäre in der Tat ein richtiger Hinweis – griffe die Kirche ihn nur selbst wirklich auf. Aus zahllosen psychotherapeutischen Gesprächen wissen wir heute, wie wenig die Menschen, selbst bei ehrlichem Bemühen, zu einer „Gewissenserforschung" imstande sind. Wir sitzen da, um über unser Leben Bilanz zu ziehen: Was haben wir falsch gemacht, was haben wir richtig gemacht? Im Rahmen der gängigen moralischen Standards sollte das eigentlich nicht schwer sein herauszufinden. Und dennoch finden wir uns selber nicht zurecht, solange wir nicht auf eine wirklich voraussetzungslose Akzeptation zählen können, wie sie in der „Taufe" erfahren werden sollte, aber in der kirchlichen Praxis natürlich nicht erfahren werden kann. Ein Beispiel:

Ein Mann belastet sich schwer. Er hat über einen langen Zeitraum hin eine Geliebte gehabt. Er hat mit ihr oft „die Ehe gebrochen", wie man so sagt. Seiner Frau hat er von alldem nie etwas gesagt, aber er leidet unter den ständigen Unaufrichtigkeiten, er fühlt sich schuldig. Doch was kann er tun? Sagt er zu seiner Geliebten: „Meiner Frau wegen musst du jetzt gehen", zerbricht er womöglich ein Leben, das sich an ihn menschlich unauflöslich gebunden hat. Diese Frau, seine Geliebte, ist fast 20 Jahre jünger als er selber; sie hat in ihm nicht nur einen Liebhaber, sie hat in ihm einen Vater gesucht. Gesteht er andererseits seiner Frau offen, wohin er gelangt ist, so droht womöglich seine ganze Ehe zu zerbrechen. Belügt er indessen seine Ehefrau weiter, so nimmt die Entfremdung zu ihr in seinem eigenen Inneren gewiss weiter zu. Mit anderen Worten: Er kann sich drehen und wenden, wie er will, es gibt keinen Ausweg.

Dabei ist das, was die kirchliche Moral ihm sagt, an sich ganz eindeutig: Du musst deine Freundin meiden, sagt sie. Aber geht das so einfach? Kann man das so einfach versprechen? Dieser Mann meint seine Reue ehrlich, aber sie bewirkt nichts. Es quält ihn, was er erlebt hat und lebt, aber er versteht selber nicht, warum es so gekommen ist und worum es eigentlich geht. „Gewissenserforschung" ist ein einfaches Wort, aber sie wirklich durchzuführen ist ein Bemühen oft von Monaten und Jahren. Und jetzt das Entscheidende: *Vergebung* steht nicht am *Ende* einer solchen „Gewissenserforschung", eines solchen „Geständnisses", sie ergibt sich nicht als Belohnung für ein moralisch endlich wieder gelungenes Wohlverhalten. Ganz im Gegenteil.

Die Vergebung stellt die *Voraussetzung* dar, um überhaupt ehrlich mit sich selber umgehen zu können! Dieser Mann wird die Gründe seines Verhaltens nur auffinden können, wenn er weiß: es sitzt ihm jemand gegenüber, der sich bemüht, ihn zu verstehen; er wird *nicht* verurteilt werden, bei allem, was er sagen wird. Dass man ehrlich zu ihm steht und ihn verstehen, nicht aburteilen will, ist die *Grundvoraussetzung*, um ehrlich zu sich selber sein zu können, und auch umgekehrt, auf seiten des „Beraters" oder des Seelsorgers, muss das Vertrauen walten, dieser Mann sei im Grunde ein *guter* Mensch, ein in gewissem Sinne Verlorener, vielleicht ein Verzweifelter, jemand jedenfalls, der mit sich und mit den Menschen an seiner Seite zutiefst nicht zurechtkomme, aber er sei nicht „von Grund auf böse". Wie hilft man einem solchen Menschen auf? Nur darum geht es.

In einer solchen Situation als Berater, als Seelsorger, als Therapeut, als Freund oder Freundin sich zu befinden bedeutet gewiss als Erstes, die eigene Hilflosigkeit eingestehen zu müssen. Es gibt ab sofort nicht mehr die klare Formel, nach der man einfach geradeaus marschieren könnte. Natürlich gibt es nach wie vor die gusseisernen Charaktere; wenn die ins Land schwärmen, wissen sie immer genau, wie solche Probleme vom Tisch zu bringen sind – eindeutig, mutig, männlich, mit klarem Entschluss –, wofür auch hat man einen *freien Willen*, und was sagt die Moral, und wofür gibt es die Zehn Gebote Gottes, und jetzt muss man endlich …! Keiner von all diesen prachtvollen Mitmenschen weiß auch nur von ferne, wie ein Mann und eine Frau zusammenleben sollen, wenn sie lediglich durch den moralischen Entschluss eines immerwährenden Schuldgefühls aneinandergekettet sind; er weiß auch nicht, wie viel an Ressentiment, an Rache und Hass sich in einem solchen Leben aufstauen kann, wie viel da an persönlichen Möglichkeiten zerstört wird und wie viel an nie ausgesprochenen Vorwürfen sich da aufhäuft. Zwei Hölzer, die man gegeneinander presst, leimen nicht zusammen; selbst wenn man noch soviel dagegendrückt, es wird nichts nützen. Keine moralische Gewalt verbindet Menschen, die innerlich miteinander nicht verbunden sind. Also hilft nichts weiter, als all die feinen Fäden einer verlorenen Zärtlichkeit wieder neu zu spinnen, neu zu weben, neu zu verflechten. Aber man muss sie finden! Welche Gründe gibt es zwischen diesem Mann und dieser Frau, an den Fortbestand ihrer Ehe überhaupt noch zu glauben? Was liebt er wirklich an seiner Frau, wenn er ehrlich ist? Und wie sieht es bei ihr aus: Wofür liebt sie ihn? Und dann seine Freundin: Gefühle, die so heftig sind, wie er sie ihr entgegenbringt, können doch nicht einfach falsch sein. Irgendetwas Berechtigtes muss darin enthalten sein, aber was? – Wenn wir nur zuhören, erfahren wir vielleicht, dass dieser Mann gerade diese Frau kennengelernt hat in dem schweren Augenblick einer persönlichen Krise. Er glaubte sich damals fast wie lebendig tot. Er stand damals vor einem schweren ärztlichen Eingriff – Krebs vermutete man; und als er die Operation überstanden hatte, begann in ihm so etwas wie eine zweite Jugend. Sehnsüchte, wie er sie so nie erlebt hatte, brachen in ihm auf, und gerade diese jugendliche Frau, selber in gewissem Sinne eine Verzweifelte, war wie geschaffen, sie ihm zu erfüllen. Auch sie kann und muss man ja verstehen: Ist es wirklich nur Schuld, wenn jemand eine einzigartige, in seinen Augen gar die einzige Gelegenheit zum Glück ergreift, die sich in seinem Leben bietet? Wie viele Schwüre werden da miteinander ausgetauscht worden sein, wie viele Hoffnungen, Erklärungen, Versprechungen? Können, dürfen sie alle über Nacht für nichtig gelten? – Es handelt sich hier nur um ein kleines Beispiel, doch man spürt bereits, dass die Tragik des menschlichen Lebens oft viel umfassender ist, als dass sie sich mit moralischen Regeln steuern ließe.

Und tauchen wir nur tief genug hinab, werden wir etwas noch weit Seltsameres entdecken: Entsprechend der *moralischen* Marschroute würde dieser Mann sich auf der Stelle *disziplinieren* müssen; doch aller menschlichen Erwartung nach vermag er das nicht – so viel ist uns bereits klar. Das aber ist noch nicht alles! Wenn wir erst einmal begreifen, was in ihm vor sich geht, werden wir beizeiten merken, dass sein eigentlicher Fehler womöglich gar nicht darin liegt, *zu viel* an Glück für sich verlangt zu haben, sondern in gewissem Sinn *zu wenig*. Denn plötzlich erklärt er: „Ich habe mich noch nie in meinem Leben wirklich durchsetzen können; eigentlich all mein Leben lang wollte ich es allen Menschen nur recht machen." Da wird deutlich, dass jemand schuldig werden kann, indem er sich selbst, seinem eigenen Leben gegenüber alles schuldig bleibt. Dies, dass es in seinem Leben eine eigene Person mit einem eigenen Bedürfnis und einem eigenen Willen unter lauter Schuldgefühlen nie wirklich gegeben hat, das verwickelt ihn am Ende auch moralisch gesehen in unausweichliche und unentrinnbare tragische Situationen. Also müsste ihm als erstes dazu aufgeholfen werden, eine eigene Persönlichkeit zu entfalten! Er müsste seiner Frau gegenüber all die Wünsche äußern dürfen, die sich zwischen ihm und ihr austauschen könnten; erst von dem Zeitpunkt an wäre es nicht mehr nötig, vor ihr ins Fremde hinein auszuweichen. Desgleichen müssten die

Schuldgefühle und Erwartungen auch gegenüber der Geliebten noch einmal überprüft und neu bestimmt werden dürfen – wozu er selber da noch stehen kann und wozu nicht mehr. Aber wie immer es sich in seinem Leben auch entwickeln wird – kein Mensch von außen wird die Lösung kennen! Sie muss sich *von innen her* ergeben, oder es gibt sie überhaupt nicht! Die Lösung, die es geben wird, so viel ist sicher, hängt zu einem großen Teil von der Charakterstruktur der beteiligten Personen ab; ehe wir dieser Frage nicht wirklich nachgehen, ehe wir nicht wissen, mit welchen Menschen wir es überhaupt zu tun haben, ist das Problem nicht zu „lösen"; „Vergebung" aber geht noch viel tiefer: Am Ende spüren wir, dass Gott uns buchstäblich *alles* vergeben muss, *was wir sind*, weil wir wirklich anders nicht leben können! Denn nur in der Entschlossenheit zu uns selbst, wie sie im Vertrauen auf eine solche unbedingte Vergebungsbereitschaft erwächst, formt sich von innen her unsere eigene Person und werden wir allererst fähig auch zum „Guten" im moralischen Sinne.

In der heutigen (katholischen) Kirche hingegen gibt es so etwas als „Beichte" nicht. Wen wundert es da, dass die Psychotherapie die Stelle der Religion übernommen hat? Was wir heute „Psychotherapie" nennen, ist kulturgeschichtlich vermutlich nur eine Vorwegnahme der Basisbedingungen des Zusammenlebens, wie sie uns in den überfüllten Straßen der Städte morgen schon unerlässlich sein werden. Da wächst eine neue Sensibilität füreinander und eine neue Bereitschaft zur Offenheit heran, wie es sie bisher wohl noch nie gab. Allein schon in Anbetracht dieses *Kulturwandels* kann es nicht länger mehr genügen, dass jemand hintritt vor den anderen und sagt: „Ich vergebe dir im Namen Gottes." Die weit größere Kunst

Jesu war es, die Menschen zu lehren, *sich selbst vergeben zu können*.

Dieser Mann etwa mit seiner gefährdeten Ehe leidet selbst Jahre später noch immer wieder unter der Schuld, die er damals begangen hat. *Wie kann er selbst sich vergeben?* Doch nur, indem er das Richtige *sogar in seinen Fehlern* begreift und dieses Richtige mutiger lebt.

Und wie kann ein Mensch einem anderen vergeben? Die größte Schwierigkeit liegt vermutlich darin, dass die eigene Schwäche uns derart verletzbar macht, dass wir oft nur aufschreien können vor Schmerz, und in diesem Zustand neigt alles in uns dahin, als erstes sich gegen die Gefahr weiterer Verletzungen innerlich und äußerlich zu wehren. Solange der andere noch als ein Eindringling in unser Dasein empfunden wird, müssen wir ihn als erstes wie einen Dorn, den wir uns in den Fuß getreten haben, aus unserem eigenen Ich zu entfernen suchen, und solange können wir ihm nicht wirklich „vergeben".

Die Fähigkeit, dem anderen wahrhaftig zu sagen: „Es ist gut – ich vergeb' dir", besteht darin, *ein eigenes Ich zu bekommen*, das fest genug ist, um nicht immer neu sich als gefährdet zu empfinden. Nur so hat Jesus seine Weisung an Petrus verstanden, es genüge nicht, siebenmal, es sei nötig, *siebenundsiebzigmal* zu vergeben. Hinter diesen Worten steht der angstgetriebene Rachegesang des Kainssohnes Lamech vor seinen Frauen (Gen 4,22–24), er werde jede Verletzung siebenfach ahnden. In der Logik der Angst, meint Jesus (Mt 18,21–22), kann die Spirale der Gewalt und der Gegengewalt nur immer weiter eskalieren; es ist einzig möglich, diesen Teufelskreis durch eine neue Erfahrung des Vertrauens zu verlassen.

Eine Frau beispielsweise, die selber nie gelernt hatte, sich durchzusetzen und sich zu wehren, sagte: „Ich verstehe überhaupt nicht, wie meine Nachbarin so sein kann." Sie erzählte ausführlich, wie sehr sie sich von dieser Person schikaniert fühlt, doch schaut man genau hin, so handelt es sich scheinbar um recht normale Vorkommnisse. Diese Frau war nur nicht gewohnt, den Mund aufzumachen und beizeiten zu sagen: „Wie meinen Sie das? Was wollen Sie da? Können Sie mir erklären, wie es kommt, dass Sie dies und das jetzt so tun?" Oder: „Für mich bedeutet das, was Sie da sagen, etwas, das mir weh tut." Es gab zwischen ihr und der Nachbarin keine genügende Rückkoppelung. In gewissem Sinn trat *jeder* auf ihr herum wie mit breiten Stiefeln, eben weil sie es nie gelernt hatte, sich selber den anderen zu erklären und sich die anderen zu erklären. *Das* aber wäre die Voraussetzung, um am Ende zu merken: es handelt sich bei dem, was man dem anderen „vergeben" müsste, ganz einfach um Bagatellen, überhaupt gar nicht um große Dinge – wirklich nur um „100 Denare", um winzige Beträge, für die man dem Nächsten nicht gerade an die Gurgel gehen muss.

Neben einer solchen *depressiv* zu nennenden Schwierigkeit im Umgang mit der „Vergebung" existiert noch eine andere, eher *zwangsneurotische* Problemstellung, und auf sie hin scheint das Gleichnis Jesu vom Schalksknecht am meisten gesprochen zu sein. Hier nämlich geht es um Leute, die so sehr sich *im Recht fühlen,* dass sie kaum begreifen, wie viel an Unrecht sie anderen zufügen. Da gibt es Väter und Mütter, die stets genau wissen, was für ihre Kinder richtig ist – mit wem sie sich einlassen dürfen, wie sie in der Schule zu sein haben –, das ganze Problem des Lebens ist seit eh und je fertig im Kopf solcher Eltern. – „Mit diesem Jungen gehst du nicht mehr!", erklärte ein Vater noch vor einer Weile seiner Tochter. „Die Leute haben mir gesagt: deine Tochter zerbricht daran. Aber das weiß ich besser! An so etwas zerbricht meine Tochter nicht, sonst wäre sie nicht meine Tochter!" So kann man ein Mädchen mit 18 Jahren schon mit aller Wahrscheinlichkeit dahin bringen, dass es mit 20 sich unglücklich verliebt, mutmaßlich dann in einen Mann, der dem eigenen Vater, wie es ihn gebraucht hätte, ein wenig ähnlich sieht. Ihr wirklicher Vater aber hat in seiner Selbstwahrnehmung nur verantwortlich gehandelt, er hat überhaupt kein Glück zerstört, er hat im Gegenteil die einzig richtige Weichenstellung zur richtigen Zeit für seine Tochter in die richtige Richtung gestellt. *Unrecht* – wie könnte er! Er *weiß* das!

Es muss die größte Schwierigkeit in der gesamten Botschaft Jesu gebildet haben, diese hart gewordene, diese immer richtige, diese entscheidungsklare Variante der Vergebungsunfähigkeit aufzubrechen. Da kann von Vergebung keine Rede sein, weil sie fast schon einem Kreditsbruch gleichkäme, weil „Vergebung" in dieser Optik hinausläuft auf eine Beleidigung des „gesunden" Rechtsempfindens. Da gibt es Strafen und Bußen, da gibt es Abzuleistendes – immer nach Maß, Gesetz, Regel und Ordnung. Doch was es da niemals gibt noch geben wird, das ist eine offenherzige Freizügigkeit und Freiheit. Eine solche würde beunruhigen! Sie würde den gesamten Untergrund einer zwanghaften Existenz als das erweisen, was sie ist: nur Sand und Staub – nichts Festes!

Es ist an der Botschaft Jesu immer wieder das gleiche zu beobachten: Diejenigen, die spüren, dass sie nicht ein noch aus wissen, denen hilft sie zu leben, denen sagt Jesus im Grunde überhaupt nichts Neues, sie ergreifen es mit aller Kraft. Denen aber, die mit ihrem Leben bislang mehr oder minder klargekommen sind, bedeutet sie eine nie gekannte Bedrohung, gegen die sie sich wappnen müssen.

In jedem Falle stellt sich das Thema der Vergebung, wenn es mehr ist als eine bloß moralische Übung, wenn es, wie Jesus es wollte, die *ganze Existenz umgreift*, vor eine unaufschiebbare Entscheidung: *Entweder* wir haben immer noch genügend Luft, um so weiterzumachen wie bisher, dann werden wir den Mann aus Nazareth abweisen als einen Träumer, Spinner oder Anarchisten – als jemanden, der so radikal nicht denken *darf*, wie er gedacht hat. *Oder* wir kehren die ganze Perspektive um, wir gehen von den Ärmsten der Armen aus, von ihrer Not, von ihrer Verzweiflung, und fragen nur noch, was ihnen *hilft*; dann ergibt sich alles, was Jesus zu sagen hat, ganz wie von selbst. Dann sinken wir bis in die Tiefe des Meeres, bis dorthin, wo der Abgrund sich auftut, bis zum Mittelpunkt der Welt – bis zu dem Ort, von dem uns das Leben kommt oder der Tod, bis zu dem Ort, da wir *Gott* begegnen.

Der russische Dichter Fjodor Michailowitsch Dostojewski hat im sibirischen Straflager an einem Ostermorgen einmal die entscheidende Erfahrung seines Lebens gemacht. Es hatte ihn schrecklich gequält, im Grunde als Unschuldiger, als politischer Häftling, über lange Zeit hin gemeinsam dahinvegetieren zu müssen mit Mördern, Gewalttätern und Strauchdieben. Es quälte ihn psychisch, und insgeheim verachtete er seine eigenen Lagergenossen. An diesem Ostermorgen aber ging ihm im Gefängnis von Sibirien etwas Entscheidendes auf. „All diese Leute", sagte er sich, „sind doch genau wie du selbst. Du musst die Verurteilung überwinden durch das Verstehen. Du darfst keinen Menschen richten, denn es wird in seinem Leben alles richtig nur, indem du ihn verstehst." Seine Tochter, Aimee Dostojewskaja, schreibt, dass, als ihr Vater im Sterben lag, er die Bibel sich habe aufschlagen lassen – die Geschichte Jesu von dem verlorenen Sohn (Lk 15,11–32), und dann soll er, seine Kinder rufend, zu ihnen sinngemäß so gesprochen haben: „Wann immer ihr in eurem Leben schuldig werden mögt, vergesst niemals: Ich, euer eigener Vater, würde euch alles vergeben, was immer ihr jemals tätet und wohin immer ihr gelangen würdet. Und so glaubt noch viel mehr, dass Gott, euer ewiger Vater, euch begleiten wird, wohin immer das Leben euch führt. Mögt ihr auch schuldig geworden sein; *verzweifeln* in der Schuld und an der Schuld, das müsst ihr nicht. Nur davor bewahre euch Gott: schuldig zu werden aus Verzweiflung. Aimee Dostojewskaja fügt noch hinzu, sie habe in ihrem gesamten Leben niemals Angst gehabt, denn das Bild ihres Vaters habe sie überallhin begleitet.

Für das, was Jesus wollte, gibt es wohl kein besseres Bild als eben dieses. Er wollte uns das Bild eines Vaters malen, der uns begleitet und uns vergibt, was immer es sei. Freilich, um das zu glauben, brauchen wir Menschen, die es, wie Jesus es tat, an unserer Seite leben und mit uns gehen durch dick und dünn.

Aber wann immer wir Zweifel haben, was wir tun sollten, ist es ganz einfach: Wir müssen uns nur daran erinnern, was wir selbst wären *ohne* Vergebung. Die Gemeinschaft der Menschen ist dann so offen und so weit wie das Rund des Horizonts (vgl. Mt 5,45). Da gibt es keine Dogmen mehr, die Menschen zu Ungläubigen stempeln, keine Gebote mehr, die Menschen zu Unbotmäßigen abqualifizieren würden. Was es statt dessen gibt, sind Menschen, die gemeinsam abhängig sind von jener Vergebung und Güte, die sie alle vereint.

Sechste Spur

Ein Mensch braucht mehr als nur Moral

Wenden wir uns noch genauer der Frage nach der *Gerechtigkeit* zu. Es gibt in der Ethik und Moralphilosophie aller Zeiten keinen Begriff, aus dem heraus so viel an Geboten und Regeln abgeleitet und begründet worden wäre wie aus dem Begriff Gerechtigkeit. Er gilt als Inbegriff des Sittlichen überhaupt, als die Grundlage jeglicher geordneter, staatlicher Gesetzgebung; in ihm ist das geschriebene, geltende Recht enthalten, das den Begriff Gerechtigkeit konkretisiert. Aber was ist das? Und wenn es so etwas gibt, wie können wir Menschen damit leben? Was wird aus uns Menschen in einer Welt, die *ungerecht* ist, und wie lässt sie sich wandeln zu einem Mehr an Gerechtigkeit? Vor allem aber: welch eine Haltung hat der Mann aus Nazareth in bezug zu dem Begriff Gerechtigkeit, wie wir ihn von den Griechen, den Römern gelernt haben, eingenommen? Wie vereinbart sich die religiöse Haltung Jesu mit der ethischen Grundlegung des menschlichen Daseins überhaupt? Schließlich bleibt die Vorstellung von dem *gerechten Richter* am Ende der Tage, als welcher den Frommen Gott gilt. Ist er die erhoffte Einheit von Religion, Moral und Weltwirklichkeit? Fragen über Fragen, jede ein eigenes Problem für sich und eben darin doch auch eine Hoffnung auf Lösung, vielleicht aber auch eine mögliche Enttäuschung oder ein Versprechen? Was eigentlich?

Der Mann aus Nazareth war kein Philosoph, kein Politiker, kein Traktateschreiber, er war ein Dichter, ein Therapeut, ein Prophet. Alles, was Jesus über den Menschen dachte, über die

Welt, über Gott, kleidete er in kleine Geschichten. Eine seiner kostbarsten, aufregendsten, am meisten revolutionären Geschichten zum Thema Gerechtigkeit befindet sich bezeichnenderweise im Evangelium, das man Matthäus zuschreibt, dem Mann, der der Legende nach an der Zollstätte als ein Sünder von Jesus weggeholt wurde und der jedenfalls wie kein anderer unter den Evangelisten sich überzeugt gibt, notwendig sei dem Menschen eine reine Vergebung, eine reine Gnade. Bei ihm findet sich das Gleichnis von den *Arbeitern im Weinberg* oder, wie man besser sagen sollte, von dem grundlos gütigen Weinbergbesitzer, denn um den geht es.

Mit dem Himmelreich verhält es sich wie mit einem Hausherrn, der früh am Morgen ausging, um Arbeiter für seinen Weinberg einzustellen. Als er mit den Arbeitern einig wurde über einen Silbergroschen als Tageslohn, sandte er sie in seinen Weinberg. Da ging er aus um neun Uhr morgens und sah andere müßig auf dem Markt herumsitzen und sprach zu ihnen: Geht auch ihr hinein in den Weinberg; ich will euch geben, was recht ist. Und sie gingen hin. Abermals ging er um zwölf Uhr und um drei Uhr und tat dasselbe. Um fünf Uhr nachmittags ging er aus und fand andere und sprach zu denen: Was sitzt ihr hier den ganzen Tag untätig herum? Sie sprachen zu ihm: Es hat uns niemand Arbeit gegeben. Er sprach zu ihnen: Los, auch ihr in den Weinberg! Als es nun Abend wurde, sprach der Herr des Weinbergs zu seinem Verwalter: Ruf die Arbeiter und gib ihnen den Lohn. Fang an bei den letzten bis zu den ersten. Da kamen die, welche um fünf Uhr eingestellt worden waren, und jeder empfing einen Silbergroschen. Als da die ersten kamen, meinten sie, sie würden mehr empfangen. Aber auch sie empfingen nur jeder einen Silbergroschen. Und als sie den empfingen, murrten sie gegen den Hausherrn. Sie sprachen: Die da haben eine einzige Stunde gearbeitet, aber du hast sie uns gleichgestellt, die wir des Tages Last und Hitze tragen mussten. Da antwortete er, er sagte einem von ihnen: Mein Freundchen, ich tu dir nicht Unrecht. Bist du mit mir nicht einig geworden über einen Silbergroschen? So nimm, was du bekommen hast, und verschwinde. Ich will auch diesem letzten dasselbe geben wie dir. Hab ich nicht die Macht, zu tun mit dem, was mir gehört, was ich will? Oder bist du neidisch, weil ich gut bin? (Mt 20,1–16)

Alle Forderungen, die Menschen an die Welt und aneinander richten, haben mit *Recht* und *Gerechtigkeit* zu tun. Elementar scheint das Bedürfnis des Menschen danach, gerecht behandelt zu werden. Und was könnte moralisch für wichtiger erscheinen, als dass jedem Menschen zuteil würde, was ihm gebührt, – „jedem das Seine"? Eben das meint *Gerechtigkeit*.

Was geschieht, wenn Menschen sich *ungerecht* behandelt fühlen, erzählt die Bibel bereits auf der dritten Seite, in der Geschichte von *Kain und Abel* (Gen 4,1–12). Es ist das Erlebnis, dass ein Mensch machen kann, was er will, – er fühlt sich abgelehnt. Das allein möchte vielleicht noch hingehen, wenn nicht neben ihm ein anderer wäre, der sich genauso um Anerkennung und Zuwendung bemüht; er macht im Grunde nichts anderes, er leistet nichts Besseres, und dennoch, ohne etwas Bevorzugtes zu tun, wird er bevorzugt. Die *Ungleichheit* unter den Menschen, das Empfinden, zu *Unrecht* zurückgesetzt zu werden, kann aus einem Wohlmeinenden einen Mörder machen, – so diese alte biblische Geschichte.

In der Tat sind Menschen imstande, der Enttäuschung an ihrem Bedürfnis nach Gerechtigkeit wegen bis zum Äußersten zu gehen. Immer wenn ein Krieg ausbricht, wird im Hintergrund sich der Wille artikulieren, notfalls eben mit Gewalt sich Recht zu schaffen. Eben deswegen meinte im 16. Jahrhundert bereits der Humanist Erasmus von Rotterdam warnend und mahnend, wer denn, wenn immer er Krieg führe, je in der Geschichte der Menschheit geglaubt habe, dass seine Sache Unrecht sei! Gerechtigkeit und Krieg? Gerechter Krieg! – Ist es möglich, dass wir mit der höchsten Legitimation, mit dem Begriff der Gerechtigkeit, bis zum Ungeheuerlichen zu schreiten vermögen und geradewegs aus dem Begriff Gerechtigkeit die „Pflicht" dazu ableiten? Papst Pius XII. etwa, in den fünfziger Jahren des 20. Jahrhunderts, in der Ära des Kalten Kriegs, der Angst vor der roten oder der gelben Gefahr, die im Osten in Gestalt des Kommunismus heraufzog, rechtfertigte sogar notfalls den Einsatz atomarer „Kampfmittel", richtiger gesagt: atomarer Massenvernichtungsmittel. Aber derselbe Papst fügte hinzu, es sei der „Friede das Werk der Gerechtigkeit" – *opus iustitiae pax*.

Dieser Papst redete gern in der Sprache der römischen Antike, denn alle abendländischen Rechtsbegriffe verdanken wir mittelbar der Kultur der Römer. Ihr Staatswesen hat dem ganzen Abendland zum Vorbilde gedient, und ihre Auffassungen, Gesetze zu geben und in die Tat umzusetzen, hat die Geschichte des Abendlands zutiefst bestimmt. Wie also ist es möglich, Menschen in einen Raum zu führen, in dem – in römischem Sinne – Gerechtigkeit herrscht?

Manchmal im Gespräch mit Außenstehenden, wenn das Thema darauf kommt, wie dieser oder jener, aus der gleichen Familie stammend, sich doch so unterschiedlich entwickelt habe, ist zu hören, dass man sich wundern müsse: Es sei doch die gleiche Mutter, der gleiche Vater, es seien dieselben Umstände, unter denen sie groß geworden seien, wie könne es da sein, dass der eine so gut, der andere so schlecht geworden sei, der eine so tugendhaft, der andere so missraten, – wie *Kain und Abel* eben?

Tatsächlich wird es kaum eine Mutter auf Erden geben, die nicht den Wunsch in sich trüge, ihre Kinder gleich und gerecht aufzuziehen. Aber kann ihr das wirklich gelingen? Ist sie in den verschiedenen Lebensphasen wirklich noch die Gleiche, die sie sein müsste zugunsten einer Gleichbehandlung ihrer Kinder, die aus recht verschiedenen Abschnitten ihrer eigenen Biographie stammen? Ist es möglich, auf unterschiedliche Kinder gleichmäßig und „gerecht" zu antworten? Vielleicht soll das gar nicht einmal sein! Wenn Gerechtigkeit darin besteht, einem jeden zu geben, was ihm gebührt, so wird eine Mutter, je sensibler sie ist, sehr wohl verstehen, dass jedes ihrer Kinder eine besondere Behandlung benötigt, eben weil es besondere Eigentümlichkeiten aufweist, – Eigenarten, die seine Individualität ausmachen. Das eine Kind ist temperamentvoll, es läuft wie wild umher – es muss in seinem Bewegungsdrang eher eingeschränkt werden, schon damit es nicht immer neu über seine Füße stolpert oder sich an jeder Tischkante stößt. Ein anderes ist eher schüchtern, verschüchtert sogar, und es bedarf der Ermutigung. Besteht Gerechtigkeit nicht gerade darin, auf unterschiedliche Menschen unterschiedlich einzugehen, eben damit jedem „das Seine" wirklich zuteil wird?

Aber bis zu welch einer Grenze kann man so verfahren? Einem Lehrer in der Schule etwa wird man anempfehlen, Gerechtigkeit in seiner Schulklasse walten zu lassen, und es gilt für ein ganz hohes Lob unter Pädagogen, wenn einem Lehrer just dieses Urteil von der eigenen Klasse und von Seiten seiner Kollegen zuteil wird: dass er ein gerechter Mensch sei, eben das, was Erich Kästner im *Fliegenden Klassenzimmer* als den Justus beschrieb, den Kinderliebling im Eisenbahnabteil, der versucht, in den Rangeleien seiner jungen Rabauken irgendeine gerechte Ordnung zu etablieren. Ein Lehrer ist gerecht, wenn er nicht nach Sympathie und Antipathie handelt, wenn er niemanden nach eigenem Gustos untervorteilt oder übervorteilt, wenn er gleichmäßig an den Leistungen seiner Schülerinnen und Schüler sich orientiert. Haben wir es aber tatsächlich schon mit Gerechtigkeit zu tun, wenn wir den Maßstab der Leistung und ihrer Bewertung als das Entscheidende in die Pädagogik einführen? Das eine Kind hat fleißig gearbeitet, es hat aber für ein spezielles Fach vielleicht wirklich nicht die Begabung wie ein anderes Kind gleich nebenan in derselben Bank. Diesem anderen fallen die Vokabeln oder die Rechenaufgaben förmlich zu, es braucht sich gar nicht anzustrengen. Wie ist es möglich, die Leistungsnote mit der persönlichen Bewertung so zu koppeln, dass so etwas wie Gerechtigkeit im Verständnis des Kindes dabei entsteht, dass Ansporn und Ermutigung das Ergebnis solcher Benotung bildet statt Entmutigung und Frustration? Was überhaupt will man bewerten, die Persönlichkeit des Kindes oder nur noch das objektive abgelieferte Produkt? Produkte zu bewerten sollte eigentlich mit „Gerechtigkeit" nichts zu tun haben, dafür gibt es klare Klassifikationstabellen, oder es sollte sie zumindest geben. Sie sind persönlichkeitsfremd, und wir stoßen allein bei einem Wenigen an Nachdenken schon auf die Merkwürdigkeit, dass die Gerechtigkeit auch nur schon in einer Klasse von zwanzig oder dreißig Schülerinnen und Schülern abstrakt zu werden beginnt. Den Einzelnen in seiner Persönlichkeit, in seinen Lebensumständen, in seiner Eigenheit immer weniger zu beachten und nur noch seine Außenseite, die abgelieferte Form seiner Selbstdarstellung in Gestalt von Leistungswertungen zu benoten gilt uns weitgehend für das Rechte, für die Forderung der „Gerechtigkeit".

Noch einen Schritt weiter, und wir stehen erschrocken, vielleicht entsetzt vor dem Bild, das die Alten bereits von der Göttin „Gerechtigkeit" selber malten: Sie hält in ihrer Hand, wie der Gott Zeus, eine Waage, aber während der oberste der olympischen Götter auf der Waage in seiner Hand Leid und Glück, Unheil und Heil, Schicksalsschläge und Wohlergehen den Menschen zumaß, so sollte die Göttin der Gerechtigkeit urteilen über die Moralität der Menschen; sie aber tut es, soll es tun mit einer Binde vor den Augen, die den Einzelnen nicht länger anblickt: Um der persönlichen Begünstigung endgültig zu entfliehen, soll nur die objektive Tat einer Bewertung unterliegen. Aber kann sie das, darf sie das, ist das „gerecht"?

Da ist etwas durch einen Menschen verübt worden, aber wie will man den Tathergang bewerten, ohne den Täter wirklich zu beachten? Was hat er gewollt? Was waren seine Motive? Unter welchen Voraussetzungen seines Erlebens hat er so gehandelt? Was ging in ihm vor sich, ehe er so vorging? Was hat in seiner Tat sich von seiner Persönlichkeit ausgedrückt? Lässt sich die objektive Außenseite menschlichen Verhaltens von dem Subjekt isolieren, das darin steckt? Ist es „gerecht", auf solche Weise das Tun eines Menschen von seinem Leben zu isolieren? Selbst die Römer, die so glaubten tun zu müssen, unterzogen ihr Vorgehen Zweifeln. Manche ihrer Philosophen, Cicero zum Beispiel in seinem Traktat über die *Pflichten*, erklärten, dass das höchste Recht, so beschrieben, identisch sei mit dem höchsten Unrecht. Sie wollten sagen: Wenn wir nur noch einen fertigen Maßstab an die Außenseite des menschlichen Daseins anlegen, können wir nicht mehr erwarten, dass wir „Gerechtigkeit" schaffen, sondern wir werden dahin kommen, dass alle sich im Grunde ungerecht behandelt fühlen.

Was wir dringend benötigten, wäre eine Form, Menschen in ihrer Eigenart und Persönlichkeit so transparent zu machen, dass es eine „gerechte" Bewertung allererst erlauben würde. Aber ist so etwas unter Menschen überhaupt möglich? Ist nicht, wie in den Tagen von *Kain und Abel*, die Ungleichheit der Menschen Los? Kann jemand ernsthaft hoffen, vor einem objektiven Tribunal ein objektives Urteil über sein Leben, über sein Tun, über sein Wollen und Sollen in Empfang zu nehmen?

Schon halten wir bei der nächsten Aporie. Genau so etwas müsste es geben, lautet die Forderung aller „Bürger" an ihren Staat; zumindest im Strafrecht müsse sich zeigen, dass die Gesellschaft eben darin fest gegründet sei, dass sie die Übertretungen ihrer Normen ahnde und die Übereinstimmung mit ihren Normen lohne. Wenn es möglich ist, soziale Normen straffrei zu übertreten, zeigt sich, dass diese Normen nicht länger in Gültigkeit sind. Wenn aber die Normen einer Gesellschaft nicht länger gelten, wird die Gesellschaft selber ins Chaos versinken. Es scheint daher die Pflicht zum Selbsterhalt jeder Gesellschaft zu sein, ihre Normen durch Strafen zu schützen und dementsprechend ein Prämiensystem zu vergeben, nach dem sich Wohlverhalten lohnt. Manche Sozialpsychologen sind sogar der festen Auffassung, dass das Verhalten der

Gesellschaft in bezug zum Verhalten der Einzelnen im Umgang mit Lohn und Strafe durchaus nicht Anspruch machen könne auf „Gerechtigkeit", es gehe vielmehr darum, der Gesellschaft selbst zu demonstrieren, wie stark ihre eigenen Gruppennormen seien und wie unverbrüchlich ihre Konsistenz in Geltung stehe. Lohn und Strafe sind demnach Schwingungen, Reaktionen der Gesellschaft auf Abweichungen, aber sie haben nicht im Sinn, dem Einzelnen Gerechtigkeit entgegenzubringen.

So weise wie diese Sozialpsychologen sind freilich die Menschen bis heute offenbar noch in keiner Gesellschaft. Jemand hat etwas Böses getan, ein anderer hat darunter gelitten, und nun fordert und verlangt er Wiedergutmachung. Was aber ist die Wiedergutmachung in Fällen, wo gar nichts wiedergutzumachen ist? Es ist etwas geschehen, das sich nicht mehr zurückrufen lässt – ein Mord, eine fahrlässige Tötung, eine Kindesmisshandlung ... In diesem Falle soll nach absoluter Mehrheitsmeinung der Täter bestraft werden im gleichen Umfang, wie er Schaden zugefügt hat. Uraltes *ius talionis* bricht da auf: Gerechtigkeit als eine verbrämte Form des Rachegefühls: – wie du mir – so ich dir, das ist die Elementarfassung von „Gerechtigkeit" auf dem Boden der Strafjustiz! Wir erleben derzeit vor allem in den Vereinigten Staaten von Amerika, – am empfindlichsten besonders dort, weil sie unserem eigenen westlichen Rechtsgefüge am nächsten stehen, – wie man bis zur Todesstrafe vermeint, Gerechtigkeit über Menschen walten lassen zu können. Ein Achtzehnjähriger hat jemanden getötet; damit hat er das Recht verwirkt, weiterzuleben, und an der Gesellschaft ist es nun, zu bestimmen, was aus ihm wird. Er selber hat überhaupt kein Recht mehr, – so schon lautet die Forderung der „Gerechtigkeit", folglich kann die Gesellschaft mit ihm machen, was sie will; sie kann ihn am Leben erhalten, wenn es ihr nützlich scheint, sie kann ihn zum Tode verurteilen, wenn es ihr zweckmäßig scheint. Er, der Einzelne, ist durch sein Unrecht-Tun ein rechtloses Subjekt geworden.

Der *Deutsche Idealismus* ging noch ein Stück weiter. Immanuel Kant etwa war der Auffassung, dass in Antwort auf Schwerverbrechen die Todesstrafe exekutiert werden müsse, einfach als Forderung der objektiv gültigen Gerechtigkeit selber. Er meinte, wenn ein Staat am heutigen Nachmittag noch sich selber auflöse, unterliege er gleichwohl der Pflicht, am Vormittag noch alle Urteile zu exekutieren, die im Namen der Gerechtigkeit gesprochen worden seien. Diese Ansicht bildet den deutlichsten Widerspruch zu der eben genannten sozialpsychologischen Rechtfertigung von Straf-Maßnahmen.

Die Sozialpsychologie denkt Lohn und Strafe in Funktion des Selbsterhalts der Gruppe, Kant aber, als Moralphilosoph, sah in Lohn und Strafe nichts weiter als den Ausweis der Gerechtigkeit selber, mithin betrachtete er die Rechtsprechung als eine Einrichtung höchster Verbindlichkeit. – In seinen Schuhen, nur noch um ein weniges weiter, ging Hegel. Für ihn war die Überlegung eine dialektische: Gegeben ist, was Recht sei; dagegen verstößt das Unrecht; also verlangt das Recht, sich gegen das Unrecht wiederherzustellen, und eben das ist die Strafe: – eine Gesetzesautomatik gewissermaßen, ein dialektischer Dreischritt aus Recht, Unrecht und Wiederherstellung des Rechts, die Strafe als eine logische Synthese von Recht und Unrecht, als eine unerbittliche Folgerung der Logik. Gerechtigkeit galt da für etwas in sich eindeutig Begreifbares – so erschien uns das alles noch vor zweihundert Jahren!

Mittlerweile wissen wir, dass Überlegungen dieser Art auf Abstraktionen basieren. Die „Gerechtigkeit" ergeht in einer solchen „Rechtsprechung" über das Tun eines einzelnen Menschen, gerichtet aber, hingerichtet sogar wird der einzelne Mensch, der Täter, als Person. Es ist aber nicht möglich, so sagten wir gerade, das Tun von dem Täter zu trennen und dann unter die Lupe zu nehmen, was seine Tat bedeutet, nach welchen Paragraphen sie bewertet zu werden hat, in welcher Rechtstradition sie entsprechend interpretiert werden muss.

Was wir vor uns haben, sind Menschen. Alle Menschen aber hängen miteinander zusammen. Wie ist ein Mensch geworden, was er ist? Wie kam er dahin, Gutes zu tun, wie kam er dahin, Böses zu tun? Solch eine Fragestellung entfernt sich von der Betrachtungsweise der Moralphilosophie und der Jurisprudenz ganz erheblich. Wie aber, wenn eine tiefere Gerechtigkeit gerade darin gründen würde, als erstes danach zu fragen: Was bist du für ein Mensch? Wie hast du gelebt? Wie hast du leben müssen? Wie sind deine Gefühle gebildet worden? Konntest du überhaupt in der Tiefe deiner Wahrnehmung wissen, was gut oder böse ist? Nicht, als wenn man dir nicht bestimmte Begriffe beigebracht hätte, aber wie weit waren sie gültig für dein Empfinden?

Max Scheler, in den zwanziger Jahren des 20. Jahrhunderts, konnte sagen: Werte begründen sich nicht durch abstrakte Deduktionen, sondern sie müssen *gefühlt* werden. Wie aber, wenn ein Mensch unter Umständen affektiv in eine Welt hineingeraten ist, in der er zum Wert-Fühlen keinerlei Gelegenheit fand, wie, wenn er wertblind durch die Fühllosigkeit seiner Umgebung schon als Kind aufgewachsen ist? Kann man von einem solchen Menschen verlangen, dass er begreift, wie er sich einordnen soll?

Noch deutlicher! Um die moralische Sicherheit in der Bewertung menschlichen Verhaltens vollends zu verwirren: – Tierpsychologen haben gezeigt, dass zum Beispiel Gibbonbabys nur in einer bestimmten Zeit lernen können, was es bedeutet, wenn ein Artgenosse die Zähne fletscht, was also ein Drohsignal ist; nur in einem ganz bestimmten Zeitraum ist dieses Signal für ein Gibbonbaby erlernbar; verpasst das Baby in dieser Zeit, zu lernen, was das Fletschen mit den Zähnen bei einem Artgenossen bedeutet, so wird es die Drohsignale später nicht richtig interpretieren können. Keine Frage, dass es eben deshalb sehr gefährdet sein wird; es wird viele Fehler begehen, für die man es strafen wird, aber es wird und kann nicht begreifen, warum es bestraft wird und was es eigentlich falsch gemacht hat. Es wird sich daher zur Wehr setzen, aber in den Augen der anderen wird es gerade dadurch noch größeres Unrecht auf sich laden. Es wird auf Grund des Mangels auch nur eines einzigen Lerninhaltes in Kindertagen sehr bald auf die schiefe Bahn geraten. Und wenn das schon bei einem Gibbonbaby so ist, – könnte ein Ähnliches dann nicht auch bei uns Menschen der Fall sein? Ein geringer Ausfall an Lerninhalten zur rechten Zeit, eine Eintrübung des moralischen Sehfeldes in einem bestimmten Augenblick, Verwirrungen schon in der Person der eigenen Eltern, die persönliche Widersprüchlichkeit der Mutter oder des Vaters, eine gewisse Widersprüchlichkeit der Beziehung zwischen Vater und Mutter, – das alles und noch vieles mehr kann das Gefüge von Recht und Unrecht im Erleben eines Kindes so weit verwirren, dass es gar nicht mehr begreift, was gemeint ist, wenn wir sagen: Gut und Böse.

Wir klagen als Beispiel des unbedingt Bösen schlechthin einen Mann wie Adolf Hitler an, aber wenn wir sehen, wie dieser Mann als Kind bereits dazu erzogen wurde, nicht an Gerechtigkeit zu glauben, sondern an Gewalt, was sollen wir dann von einem Erwachsenen erwarten, der so erzogen wurde? Und sind nicht seiner überaus viele? Nicht was du fühlst als dein Recht, wirst du bekommen, sondern was die stärkere Macht über dich gebietet, das war es, was Adolf Hitler als Kind eingebläut bekam. Recht, so erlebte er, geht hervor aus den Entscheidungen der Macht. Das Recht wird getroffen durch die Dezision der Stärkeren, erklärte allen Ernstes zur selben Zeit der Rechtsphilosoph Carl Schmitt in den dreißiger Jahren; seine „Schule" hat heute noch „Seilschaften" im Fachbereich Jura an den Universitäten. Es gibt demnach keine Gerechtigkeit, die im Himmel existieren würde, es gibt nur eine Fülle von Entscheidungen, die die Starken treffen, um sie den Schwachen aufzuerlegen. Gerechtigkeit wäre mithin nichts weiter als die objektive Form der Machtstruktur, die sich unter bestimmten historischen Verhältnissen gebildet hat. Wie sollen Menschen leben, denen man die Aussichtslosigkeit eingebläut hat, dass es so etwas gäbe, geben könnte wie Rechtsansprüche unter den Menschen?

Am ärgsten zweifellos ist es um die Frage bestellt, wer denn da glaubt, dass ausgerechnet er Recht exekutieren könne? Für Immanuel Kant waren es im Grunde ja nicht Menschen, die da Gerechtigkeit übten und ausübten, sondern es vollzog sich die Gerechtigkeit gewissermaßen selbst über den Menschen hinweg, wie ganz von allein. In der Philosophie des Deutschen Idealismus wurden Menschen wie Engel im Himmel betrachtet, als Träger absoluter göttlicher Befehle. Doch wie viel an

Fremdheit dem menschlichen Erleben gegenüber artikuliert sich in solchen Gedanken, und wie viel Unrecht also gegenüber der Menschlichkeit und der menschlichen Wirklichkeit wird da geübt!

Noch einen Grad weiter, und wir fragen uns, was denn mit dem erhabenen Begriff der Gerechtigkeit in geschichtlichen Dimensionen auszurichten sein wird. Wir sprechen über das Recht des Einzelnen, aber wir verstehen sofort, dass die Geschichte sich zum Frieden, zur Harmonie nur lenken ließe, wenn ganze Gruppen in den Völkerfamilien, wenn ganze Völker in den Staatenfamilien und -verbänden ihr Recht anmelden und durchsetzen könnten. Da gibt es das *Menschenrecht*, da gibt es das *Völkerrecht*, und wir wissen, dass mit diesen Begriffen auf Jahrhunderte hin am Zustand der menschlichen Geschichte zu ihrer Verbesserung gearbeitet werden müsste. Menschenrecht bedeutet zum Beispiel Gleichberechtigung zwischen Mann und Frau. Einfach weil sie Menschen sind, darf keine sexistische Ungleichheit herrschen. So verstehen wir, zumindest heute in Europa, die Forderung der Gerechtigkeit. Mann und Frau mögen in Temperament und Körperbau verschieden sein, aber als Menschen haben sie gleiche Rechte voreinander und gegenüber einander. Wie viel wäre allein in diesem Punkte zu lernen in unserer Gesellschaft, in vielen Religionen, in vielen Kulturen! Aber lässt sich das „Menschenrecht" zwischen Frau und Mann einfach so verordnen, ohne nicht wieder Unrecht an lebenden Menschen zu üben?

Menschenrecht bedeutet, dass es keinen Unterschied machen darf, welch einer Hautfarbe ein Mensch ist. Rassistische Ungleichheit gilt, zumindest heute in Europa, dem Ideal nach als verwerflich; doch in der Praxis weiß jeder, wie weit davon entfernt wir noch sind. In den Südstaaten der USA etwa genügt es auch heute noch, ein Farbiger, ein „Nigger" zu sein, und es ist identisch mit Minderrangigkeit und Untertanenstatus.

Menschenrecht bedeutet, dass es egal sein sollte, ob jemand im Norden der Welt oder im Süden der Welt geboren wird. Aber gibt es eine solche Gleichheit? Im Süden geboren zu werden bedeutet für zwei Drittel der Menschheit, in Armut und Elend hausen zu müssen, und es bedeutet für ein Drittel der Menschen im Norden die Vorrangstellung, auf alles einen „Rechtstitel" zu tragen.

Menschenrecht bedeutet, dass ein jeder gleichen Zugang haben sollte zu den Bildungsmitteln, dass er eine faire Chance auf seine persönliche Entfaltung besäße. Wie aber soll das im Weltmaßstab möglich sein, wenn Menschen nach wie vor geschichtlich und kulturell so weit voneinander entfernt sind?

Und nun gar das *Völkerrecht*. Es ist bei der UNO verbrieft: Ein Volk hat das Recht, über seine Angelegenheiten selbst zu bestimmen. Was in unserer blutrünstigen, zynisch handelnden politischen Realität ist aus solchen Deklamationen geworden? Wir sind auf der *Suche* nach dem Selbstbestimmungsrecht der Völker und nach der *Gerechtigkeit*, die in unserer Geschichte angeblich herrschen soll. Immer wenn Soldaten in den Krieg ziehen müssen, haben sie zu kämpfen für die „Gerechtigkeit", – kein Mensch opfert sein Leben bloß für Erdöl oder für Bauxit oder für irgendeinen anderen Rohstoff. Es muss schon um etwas wirklich Wichtiges gehen, um große Ziele, damit jemand sein Leben einsetzt. Selbst als Abraham Lincoln den Bürgerkrieg gegen die Südstaaten ausrief, konnte er nicht sagen: „Es geht uns jetzt darum, dass die Vereinigten Staaten von Amerika eine Einheit bleiben, es geht uns um die Geschlossenheit des

Staatenverbandes." Er musste erklären: „Es geht uns um die Befreiung der Neger, wir haben eine humane Mission zu erledigen, wir kämpfen für die Freiheit und für die Gleichberechtigung im Süden." Natürlich kämpfte man nicht darum; aber damit Menschen überhaupt kämpfen, brauchen sie hohe Ideale, und der Begriff der Gerechtigkeit ist offenbar in der Geschichte der am meisten missbrauchbare und verführerische unter allen kämpferischen Idealen.

Sollten wir im Angesicht von so vielen Schwierigkeiten nicht das Bemühen gänzlich aufgeben, an Gerechtigkeit noch zu glauben, auf sie noch zu hoffen? Selbst einmal unterstellt, wir könnten in der menschlichen Gesellschaft, in der menschlichen Geschichte, Gerechtigkeit oder zumindest begrenzt gerechte Zustände etablieren, behielte Immanuel Kant dann nicht immer noch Recht, dass allein die Zumutungen des Schicksals im Raum der Naturordnung den Menschen ungerecht treffen? Für Immanuel Kant waren die natürliche Ordnung und die moralische Ordnung einander so fremd, dass er, allein um sie beide zusammenzubringen, die Existenz Gottes glaubte postulieren zu müssen als des Schöpfers und des Einheitsgrundes *beider* Ordnungen, als eines Schnittpunktes von parallelen Linien im Unendlichen, als einer Hoffnung nicht für diese Welt, aber doch als eines Grundes, weiter zu glauben an die Vollendbarkeit des Menschen und seiner Geschichte. Selbst wenn wir sie nicht schaffen, nicht jetzt und nicht heute, so könnten wir doch weiter an der Gerechtigkeit arbeiten, um uns auf sie zuzubewegen: Mindestens die Hoffnung dürften wir hegen, uns auf sie zuzubewegen und nicht geradewegs von ihr weg; und zumindest doch wüssten wir, was Gerechtigkeit sei.

Freilich, wenn wir schon einmal an diesem Punkt angelangt sind, dass wir an Gott glauben müssen, um Gerechtigkeit auch nur für möglich zu halten, sollten wir vielleicht mit einer kleinen nachdenklichen Geschichte der Brüder Grimm eine Art Intermezzo einschalten.

Wir alle kennen die Erzählung von der *Frau Holle,* die schon dem Namen nach als germanische Göttin mit den Thing-Plätzen, also mit dem Spruch der Gerechtigkeit in Rechtsstreitfragen, verbunden war. Verborgen im Untergrund der Welt hielt sie nach germanischem Glauben ihre Hände über die Menschen zu Lohn und zu Strafe gebreitet. Die Geschichte der Brüder Grimm aber erzählt von zwei Mädchen, nennen wir sie mit Ludwig Bechstein die *Goldmarie* und die *Pechmarie,* deren eine schön und fleißig ist, aber von ihrer Stiefmutter übel behandelt und ungerecht misshandelt wird, wohingegen die andere, faule und hässliche, unverdientermaßen alles bekommt, was sie sich nur wünschen kann. Es ist, dass Goldmarie voller Verzweiflung dazu gebracht wird, eine Spindel, die ihr aus den blutig gearbeiteten Händen in den Brunnen gefallen ist, wieder emporzuholen. Wie eine Sterbende wirft *Goldmarie* sich hinab in diesen Brunnen. – Bis dahin könnten wir die ganze Erzählung wie eine Parabel auf all das lesen, womit wir uns gerade beschäftigt haben: Menschen ziehen aus mit der Erwartung, das Leben könne gerecht sein; aber dann werden es gerade die Besten sein, die am Unrecht der Welt am meisten leiden werden, bis dahin, dass sie irgendwann die ganze Erwartung von Lohn und Strafe werden aufgeben müssen. Solche Menschen sind dieser Welt wie abgestorben. Doch was sie auf diese Weise lernen, kommt einer Umwertung der Welt„ordnung" gleich, einer Neuentdeckung wahrer Gerechtigkeit. „Solange du noch etwas Gutes tust, in der Hoffnung, du könntest dafür Anerkennung erwarten", so lautet die Lektion, „ist die Gefahr der Enttäuschung so groß, dass du dich kaum entschließen wirst, das Richtige noch zu tun." Mit dieser Erkenntnis ist Goldmarie eine Verzweifelte an der Weltordnung. Aber nun geschieht es, erzählt uns das Märchen, dass sie unterhalb des Brunnens auf einer Wiese „aufwacht" und hört, wie die Dinge mit ihr zu reden beginnen: der Apfelbaum, der Backofen, und alle verlangen sie bestimmte Taten von ihr. – Kann es sein, dass ein Mensch ein solches „Aufwachen" erlebt als den Beginn einer Lebensform *jenseits* einer Gerechtigkeit, die in Lohn und Strafe sich darstellt? Kann es sein, dass er lernt, das Gute zu tun, einfach weil es richtig ist? Dann vernähme er den stummen Klagelaut der Dinge, der Tiere, der Menschen, und er täte von innen heraus, was im richtigen Augenblick getan werden muss. *In sich selber* trüge ein solches Verhalten, wenn schon, dann seinen Lohn; nicht von außen verfügt würde die Gerechtigkeit, sondern sie ergäbe sich aus einer neuen Einstellung zu sich selbst und zur Welt ringsum. Von einem Fortschritt quer durch die Jahreszeiten erzählt uns das Märchen, doch was es meint, ist ein inneres Reifen auf die Begegnung mit der *Frau Holle* hin: Die ganze „Belohnung", die einer *Goldmarie* zuteil wird, liegt in der Bestätigung dessen, was sie schon ist: Gold wert ist sie, und so wird sich's zeigen unter dem Torbogen der *Frau Holle*. Anerkennen werden es später dann wohl auch die andern, aber das muss nicht so sein, das ist nicht mehr wesentlich, darauf kommt es nicht an. So verstanden, ist das alte Bild der *Frau Holle* Inbegriff und Symbol einer Gerechtigkeit, die sich nicht länger mehr von außen, sondern ganz und gar von innen erfüllt.

Mit solchen Überlegungen wohl erst haben wir die Voraussetzungen gewonnen, um zu begreifen, was im Neuen Testament Jesus wollte. Er hat über die Philosophie des griechisch-römischen Begriffs der Gerechtigkeit vermutlich niemals ernsthaft nachgedacht, aber was er vor sich sah, waren leidende Menschen, und was er dabei fühlte, wurde zunehmend auch ein Teil seines eigenen Lebens. Es ist schwer zu sagen, wie es einen größeren *Kontrast* zu all den philosophischen Ableitungen der Gerechtigkeit geben könnte, als er in der Position liegt, die der Mann aus Nazareth für sich eingenommen hat.

Wir sind in der „christlichen" Moraltheologie gewohnt, im Grunde die Philosophie der Griechen und Römer, *ihre* Vorstellung von „Gerechtigkeit", einfach zu übernehmen, und selten erklärt man uns, wie absolut widersprüchlich Jesus zu all diesen Gedanken stand. Man kann nicht anders sagen: Jesus hat den Begriff Gerechtigkeit vollkommen umgekehrt!

Im Grunde gab es den Begriff *Gerechtigkeit* in römischem Sinne für Jesus als Juden überhaupt nicht. Was auf Hebräisch mit „Gerechtigkeit" übersetzt wird, sollte man besser wiedergeben als „rechtes Verhalten unter den Augen Gottes", als „richtiges Leben vor Gott". Ein *Zaddiq* ist soviel wie ein „Heiliger", kein „gerechter" Mensch in dem Formalsinn der Moralisten, sondern ein Mensch, der *richtig lebt vor Gott*. Aber was heißt das? Das ist der Anfang der Selbstbesinnung des Jesus von Nazareth. Und was er herausfand, ist ungeheuer: Es gibt das Gesetz des Moses, es gibt die Lehren der Rabbinen; sie alle gründen darin, Gott zu sehen als einen *gerechten Richter,* der zwischen Schwarz und Weiß wohl unterscheiden kann und der zwischen denen, die das Gesetz halten, und denen, die das Gesetz brechen, eine deutliche Zäsur zieht. Die Entdeckung Jesu besteht darin, dass ein Mensch mit diesen Einteilungen niemals zurechtkommen wird. Solange er glaubt, dass da ein Gott sei, der „gerecht" über die Menschen entscheidet, wird er spüren, dass er mit diesem Gott nicht zu Rande kommen kann. Es ist nicht möglich zu sagen: „Hier stehe ich, Gott, und ich habe soundsoviel Gutes getan, und du stehst nun in der Pflicht, nach Maßgabe deiner Gerechtigkeit mich zu belohnen!"

Jesus malt eine solche Karikatur tatsächlich einmal in einem seiner Gleichnisse, in der Geschichte vom *Pharisäer und Zöllner*.

Zwei Menschen stiegen hinauf in den Tempel, um zu beten, der eine ein Pharisäer, der andere ein Zöllner. Der Pharisäer stellte sich hin, und folgendermaßen betete er für sich: Gott ich danke dir, dass ich nicht bin wie die übrigen Menschen: – Räuber, Unrechtmäßige, Ehebrecher oder auch wie dieser Zöllner. Ich faste zweimal die Woche, ich verzehnte alles, was immer ich erwerbe. Der Zöllner aber – von fern blieb er stehen und wollte nicht mal die Augen aufheben zum Himmel, sondern er schlug seine Brust, sprechend: Gott sei gnädig mit mir, dem Sünder. Ich sage euch: Hinabstieg dieser gerechtgesprochen in sein Haus, anders als jener. Denn jeder, der sich selbst erhöht, wird niedrig gemacht werden, und wer sich selbst niedrig macht, wird erhöht werden. (Lk 18,10–14)

Es ist unerhört, wenn Jesus von der Einstellung des Pharisäers, dieses Superfrommen, meint, sie sei für Gott absolut inakzeptabel; sie sei ungerechtfertigt und unberechtigt, sie sei ein grotesker Selbstbetrug! Aber da gibt es tatsächlich diesen Mann, der nach Maßgabe der Gerechtigkeit nur alles falsch gemacht hat und der das auch weiß. Dieser Mann kann nur sagen: „Herr, erbarme dich meiner!" Von diesem Manne meint Jesus, er sei bei Gott „gerechtfertigt", er habe verstanden, worauf es Gott ankommt. „Wenn ihr mit Gott sprecht", wird Jesus (Mt 6,7) sagen, „dann redet nicht wie die ‚Heiden'" – „wie die Menschen, die Gott gar nicht kennen." Vielmehr sagt: „Lieber Vater, alles musst du uns vergeben, denn anders könnten wir nicht leben. Und wir versprechen hiermit, auch einander alles zu vergeben, was jemand uns gegenüber schuldig ist." (Mt 6,12)

Ist das „Gerechtigkeit"? Auf keinen Fall! Es ist der Anfang einer Neuentdeckung, einer Neubegründung des gesamten Lebens! Diese neue Sicht auf den Menschen ergibt sich daraus, dass der Mann aus Nazareth ersichtlich darunter leidet, wie bei der Instrumentalisierung des Begriffs „Recht" und „Gerechtigkeit" immer wieder die Armen unter die Räder kommen. Da gibt es die Reichen, – die *sind* etwas, die *haben* etwas, und so haben sie auch ihre Titel, also sind sie auch im Recht, und so haben sie ihre „recht erworbenen" Ansprüche, die sie verteidigen müssen. Die armen Leute aber haben gar nichts, also auch kein Recht. Und diese Zweiteilung der Menschen allein durch die Eigentumsverhältnisse, verwoben mit Begriffen des Rechts, ist für Jesus ganz einfach unmenschlich, egal wie es sich ideologisch begründet. Daraus folgt für ihn, dass „Gerechtigkeit" aufhören muss, eine Form der Durchsetzung des Egoismus des einen gegen den anderen mit moralischen Mitteln zu sein. Was Jesus unter „Gerechtigkeit" in hebräischem Sinne versteht, lässt sich so formulieren: „Es geht nicht länger darum, festzustellen, worauf du meinst, gewisse wohlerworbene Ansprüche zu besitzen, es geht einzig darum, herauszufinden, was ein anderer in seiner Not zum Leben braucht; und dann schau dich um, wer nicht solchermaßen in Not wäre! Was brauchen Menschen alles, wenn du sie nur einmal richtig kennenlernst?"

Rechtes Leben vor Gott, – das ist im Sinne Jesu dahin zu verstehen, dass wir alle nur existieren aufgrund eines Erbarmens, das sich über uns alle senkt, durch eine Vergebung all unserer Fehler und Verfehlungen ohne jede Voraussetzung. Es ist im Sinne Jesu nicht möglich zu denken wie die Priester im Tempel: „Wir haben gesündigt; aber nun lasset uns Opfer darbringen und den Gerechtigkeitswillen Gottes anrufen, indem wir Tiere töten und unsere üblen Taten mit ihrem Fleisch und Blut sühnen; dann wird Gott ein Einsehen mit uns haben." Immer herrscht da der Aberglaube, wir könnten etwas *tun*, um unsere Position vor Gott zu verbessern; die Wahrheit im Sinne Jesu aber lautet: Wir stehen ganz und gar in Gottes Hand; denn wäre er wirklich der Gerechte, wäre er wirklich der Strenge, so müsste er strafen auf eine Art, die kein Ende mehr fände mit uns.

Plötzlich sieht Jesus uns alle miteinander verwoben: Es ist nicht möglich, Gott zu benutzen, um Menschen nach Gut und Böse voneinander zu trennen!

Sollten wir diese Grundüberzeugung Jesu einmal über zweitausend Jahre hinaus in unsere Tage verlängern und vielleicht sogar in die nächsten zwanzig Jahre oder zweihundert Jahre der Zukunft projizieren, wäre es da nicht möglich, dass wir entsetzt und erschrocken vor all dem stehen, was wir heute noch *Justiz* nennen und als Werk der „Gerechtigkeit" begreifen? Da ist ein Mensch „böse", und dementsprechend beurteilen wir ihn. Noch vor etwa 250 Jahren hätten wir womöglich erklärt, dass in einem solchen Menschen der Böse, der *Teufel*, stecke, er sei eine Hexe, er sei ein Besessener, und wir müssten, um gegen den Satan in ihm vorzugehen, ihn physisch vernichten, damit er in Kirche und Gesellschaft keinen Krebsschaden anrichte. Könnte es nicht sein, dass unser heutiges Reden von dem Bösen im Menschen nur eine säkularisierte, verbrämte Form alter Dämonenangst und Hexen-Jägerei wäre, genauso abergläubisch, genauso metaphysiziert und weit weg von der nötigen Einfühlung in die Zusammenhänge, in denen Menschen wirklich leben? Sehr wohl für möglich zu halten ist, dass nach gerade einmal 150 Jahren ernsten Bemühens um die Seele des Menschen wir in wenigen Jahrzehnten bereits sehr viel mehr wissen über das, was in unseren neuronalen Netzen alles sich abspielt, was in unseren Köpfen sich wirklich verdrahtet. Gesetzt einmal, es kämen Psychoanalyse, Neurologie und Verhaltensforschung zusammen und begründeten ein Modell unserer Psyche, das einem wirklichen Verstehen dient, hätten wir dann noch die Möglichkeit zu sagen: „Das hat ein Mensch *frei* getan, er wollte etwas Böses wirklich?" Ist es denn überhaupt denkbar, dass ein Mensch etwas „Böses" *freiwillig* täte? Dass er einen anderen Menschen leiden ließe, ohne selber ein Leidender zu sein? Gesetzt sogar, es käme die objektive Betrachtungsweise der Naturwissenschaften mit der geisteswissenschaftlichen Hermeneutik zusammen und wir könnten den Menschen gleichzeitig von innen und von außen wahrnehmen, könnte es dann wirklich noch Richter über die Menschen geben? Wüssten wir nicht am Ende nur noch, so wie Jesus es vor 2000 Jahren schon vor sich sah, dass Menschen einzig ein unbedingtes *Verstehen* brauchen, gerade wenn sie sich am meisten vom Chor oder von der Herde der Menschen entfernt haben? Und wie man ihnen nachgeht, das ist dann die Frage nach „dem, was jedem zukommt", nach der „Gerechtigkeit".

Diese neue Form von Gerechtigkeit gilt selbst im Umgang mit *Geld*. Das Gleichnis aus dem Matthäusevangelium, das Jesus von dem *Weinbergbesitzer* erzählt (vgl. S. 70 f.), ist in seinem äußeren Ablauf zeitgeschichtlich durchaus vorstellbar. Ein Weinbergbesitzer kann in der Sommerhitze seine Reben nicht verdorren lassen; also braucht er in sehr kurzer Zeit sehr viele Erntearbeiter. In den Tagen Jesu schätzt man, dass es in Galiläa eine große Zahl von Arbeitslosen gab, die frei als Tagelöhner angeworben werden konnten. Unter solchen sozialen Verhältnissen spielt das Gleichnis.

Einmal, dreimal, viermal geht der Gutsherr aus und holt von den Marktplätzen so viele Arbeiter, wie er bekommen kann. Es müssen die Reben eingebracht werden, am liebsten heute noch; schließlich will er keine Rosinen ernten, er will Wein produzieren, und dazu braucht er Arbeiter, jetzt, nicht erst in drei Tagen oder zwei Wochen. Bis dahin verläuft die Handlung absolut normal. – Dass wir hier großgrundbesitzerliche Verhältnisse vorfinden, bildet für Jesus in dieser Erzählung kein Problem, – es geht ihm nicht um die soziale Frage. Worum es ihm geht, ist die Stellung des Menschen vor Gott. Was für *Rechte* haben wir, zu sagen: „Dies ist unser Werk, und jetzt erwarten wir unseren Lohn"? Wie geht Gott mit uns um?

Die guten Leute, die frommen Menschen, die Gesetzeseinhalter werden sich wirklich vor Gott hinstellen und erklären: „Wir haben unser ganzes Leben lang uns Mühe gegeben, und wir erwarten jetzt von dir gewissermaßen die bessere Behandlung!" Es gibt Abstufungen, je nach Verdienst, eben weil Gott gerecht ist, und man muss die Unterschiede bis ins Ewige hinein verlängern. All das, meint Jesus, ist ein grober Unfug und ein Missverstand im ganzen. Was wir wirklich brauchen, ist diesem Gleichnis zufolge eine Antwort auf das Gefühl, in gewisser Weise immer zu spät zu kommen.

Wann geht es einem Menschen einmal auf, was er wirklich ist, was er hätte sein können, wie er sich hätte verhalten müssen, – wann merkt er es? Und wenn er es nun merkt und tut es, was „verdient" er dann?

Das Entscheidende an dem Gleichnis Jesu hier ist, dass der Weinbergbesitzer, froh, seine Ernte für heute eingebracht zu haben, großzügiger ist, als es dem ausgedungenen Tarif entsprechend wäre. Genau betrachtet, ist für die Arbeiter, die um fünf Uhr eingeladen werden, ein Lohn nicht festgesetzt. Ein paar Cent würden genügen nach Maßstab der „Gerechtigkeit", nur: für diese paar Cent würde keiner der Arbeiter sich auch nur das Brot auf dem Basar kaufen können, das er für seine Familie braucht, nebst ein paar Gurken oder einer Melone. Aber eine *Drachme* (etwa 30 Cent), das würde genügen. Dieser Weinbergbesitzer gibt am Abend nicht, was die Leute „verdienen", sondern was sie *brauchen.*

Und so ist Gott, will Jesus sagen! Und wenn *er* so ist, sollten *wir* es nicht auch so halten? *Rechtes Verhalten vor Gott,* das wäre, wir würden den ganzen Tugendbegriff der Gerechtigkeit streichen! Denn vor Gott gilt er nicht! Und untereinander führt er nur in die Irre, bis hin zum Wirrsal und Wahnsinn „gerechter Kriege"! Aber würden wir den andern in die Augen schauen und uns fragen, was sie wirklich brauchen und was ihnen hilfreich ist, ihre Not abzuarbeiten, dann spürten wir sehr bald, was „rechtes Verhalten vor Gott" bedeutet.

Die einzige Schwierigkeit bei all dem liegt darin, dass es vielen Menschen scheinbar viel zu gut geht. Sie fühlen sich nicht so wie die Arbeiter, die um fünf Uhr nachmittags geworben wurden, oder wie der Zöllner hinten im Tempel. Sie denken immer noch, sie stünden da mit zwei festen Füßen auf der Erde, sie seien „gusseiserne Charaktere", wie Fjodor Michailowitsch Dostojewski sie gerne nannte, – unbescholtene Naturen jedenfalls, ordentliche Bürger, Leute, die es „verdient" haben, dass es ihnen gut geht! Sie haben zum Beispiel ihre Villa gebaut, und die hat viel gekostet; wenn da jetzt jemand kommt und randaliert, oder er will sie ihnen sogar wegnehmen – Kommunisten zum Beispiel haben immer solche Ideen –, so gehören Bodyguards und Elektrozäune vor diese Villa gestellt und eine Privatpolizei, die man sich halten muss; wer Besitz hat, muss ihn wahren und mehren, das ist seine Pflicht, so ist die „Gerechtigkeit", darauf hat er Anspruch. Wie kommt man mit Menschen zurecht, die sich in eine solche „Gerechtigkeit" verbeißen?

Jesus bekam es fertig, in der Einleitung der Bergpredigt zu sagen: „Glücklich nenne ich die Armen", und er konnte im Kehrvers hinzufügen: „denn die wissen, dass Erbarmen nötig ist." (Mt 5,3.7) Nur die sind fähig, Erbarmen zu leben, die irgendwann gespürt haben, wie arm sie sind und wie sehr sie selbst es brauchen.

Jesus sagte: „Glücklich nenne ich die Menschen, die wehrlos sind", die wissen, dass man nur im Frieden leben kann, „denn nur die werden Frieden machen." (Mt 5,5.9) Alle andern werden immer wieder „gerechte" Kriege „führen".

Natürlich kann und soll ein solches Denken Menschen nicht in Armut und Armseligkeit stürzen, aber wie viel an Selbsterkenntnis trennt uns davon, zu wissen, dass es nur dem Augenschein entspricht, wenn wir denken, „gut dran" zu sein bedeute auch schon, gut zu sein. Was wir nötig haben, meinte Jesus, ist eine Güte ohne Verdienst, was uns leben lässt, ist eine Vergebung ohne Vorbedingung, was uns aufrichtet, ist der *Verzicht* auf jedes „Gericht".

Im Sinne Jesu geht das sogar bis in Geldangelegenheiten. „Vergib uns unsere Schuld', hat Jesus gesagt", erklärte mir ein Finanzmann; „er hat nicht gesagt: ‚vergib uns unsere Schulden', – das ist ein Unterschied!" Ja, wenn das so wäre! Im Sinne Jesu ist das ein und dasselbe, absolut ein und dasselbe! „Wie kannst du, wenn du Geld verleihst", ist seine Meinung, „ernsthaft glauben, du könntest aus der Not des andern Profit machen? Weil du Geld hast und der andere nicht, schaffst du eine Situation, an der du am Ende noch mehr Geld hast? Das ist unglaublich!"

Nach den Vorstellungen der Wirtschaftsethik sind Geldgeschäfte absolut erlaubt, nach den Vorstellungen Jesu von Menschlichkeit sind solche Geschäfte ungeheuerlich. Und hatte er nicht recht?

Manche Wirtschaftswissenschaftler glauben heute, dass das Volk der Juden gegenüber den Assyrern, Persern, Griechen, Römern, all den Großstaaten also gegenüber, nur überlebt hat, weil es zumindest dem Ideal nach so etwas besaß wie ein „Entlassjahr" alle sieben Jahre (Ex 21,2–6; Dtn 15,1–3) – das also, worum die Kirchen für das Jahr 2000 eine Initiative gestartet hatten: Die Entwicklungsländer sollten die Zinsen für ihre Altschulden erlassen bekommen – sie sollten sogar einen weitgehenden Schuldennachlass erhalten. Ganz unmöglich! erklärt natürlich die Weltbank; aber wenn es stimmt, was manche Wirtschaftswissenschaftler meinen, das Volk Israel habe nur überlebt, weil es alle sieben Jahre eine absolute Schuldentilgung gab, was spräche dann gegen einen solchen Vorschlag? Der siebenjährige Schuldennachlass hatte zur Wirkung, dass der Volkskörper nicht nach oben und nach unten auseinandergerissen wurde; es gab nicht die Zinsspirale, die die Reichen immer reicher und die Armen immer ärmer macht und damit das Zusammenleben instabil gestaltet. Jesus ist in der mosaischen Religion mit ihrem Zinsverbot großgeworden; was ihn davon unterscheidet, ist einzig die Radikalität im Prinzip: Jesus will nicht, dass man sieben Jahre lang mit dem Schuldennachlass wartet und in all der Zeit den anderen schmoren und wie einen Sklaven schuften lässt. Jesus mochte alle Dinge sofort und gleich. Für ihn gibt es keinen Aufschub im Vergeben, weil vor Gott kein Aufschub ist. *Unsere Schuld vergib uns* – übersetzt sich wirtschaftlich, menschlich, moralisch – in alle Bereiche!

Dann bleibt die Frage natürlich, wie, wenn wir über Menschen nicht *richten* können, wenn „Gerechtigkeit" sich so nicht exekutieren lässt, das menschliche Leben dann zu beschreiben ist.

Hermann Hesse hat darauf einmal die kürzeste und schönste Formel als Antwort gefunden. „Das menschliche Leben ist ein Fortschreiten von der Unschuld zur Schuld und von der Schuld zur Verzweiflung und von der Verzweiflung entweder zum Untergang oder zur Erlösung", schrieb er. „Erlösung" ist aber nicht der Rückfall in eine vormoralische Naivität, sondern ein Darüber-Hinausgehen.

Das genau war die Meinung Jesu. Es geht nicht darum, alle Ordnung aufzulösen, es geht darum, sie in einem nie erreichten Hitzegrad existenzieller Energie wegzuschmelzen, fließend zu machen, ins Strömen zu bringen.

Dann mag die letzte Frage sich stellen: Was aber wird aus Kants Glaube, Gott sei als oberste Instanz, als Versöhner aller Ordnung, als Inbegriff überragender Gerechtigkeit zu „postulieren"? Der Schrecken des Christentums liegt darin, dass es seine „Moral" mit Gott verschmolzen hat und damit die Begriffe von Gut und Böse mit den Vorstellungen unendlicher Belohnung und unendlicher Bestrafung, mit Himmel und Hölle identifiziert hat. Die großen Bilder der mittelalterlichen Kathedralen: der Engelzug, der Dämonenzug, – die ständige, permanente Angst: Wo wirst du stehen in der Stunde des Todes?, haben die Menschen gequält ihr Leben lang. Man muss vielleicht zu dieser Frage noch in ihrem säkularisierten Gewande den französischen Existenzialisten Jean-Paul Sartre hinzunehmen, Sartre meinte: Solange du lebst, bist du dein eigener Richter; jedes Bewusstsein existiert für sich selber und verfügt über seine eigenen Qualifikationen; aber wenn du tot bist, verwandelst du dich in ein bloßes An-sich-Sein, dann wirst du ein bloßes Objekt. Dann stehen sie am Grab und halten ihre Reden und bewerten, was dein Leben war, und all die Schwätzer wissen natürlich ganz genau, wer du warst, was du hättest sein müssen, was dein Leben wert war. Wenn du selber auch nur noch einen Atemzug zur Verfügung hättest, würdest du sie alle widerlegen können. Aber der Tod besteht eben darin, das Leben zu enden an einer Stelle, an der es nie zu Ende hätte sein dürfen. Immer ist der Tod die Auslieferung an das Gericht der anderen, ist er der Inbegriff des höchsten Unrechts.

Wenn das *Christentum* irgendeinen Sinn macht, dann sollte man denken, Gottes Art, den Menschen zu sehen, bestehe darin, ihn als Subjekt, als Für-sich-Sein vollkommen sich selber zurückzugeben. Das aber ist nur möglich, wenn gerade das gilt, was Jesus sich vorstellte: dass Gott *die reine Liebe* sei. Tatsächlich gibt es keine gründlichere Art, sich selber zu „richten", als einem anderen gegenüberzutreten, der uns nur liebt und nichts weiter von uns erwartet, als dass wir selber sind. Plötzlich erscheinen all die Abweichungen, die Ausreden, die Lügen, die Kleinkariertheiten unseres Lebens uns selber unerträglich. Plötzlich spüren wir, wie oft wir uns selber Unrecht getan haben aus lauter Angst, und es tut uns bitter leid; so wollten wir nicht sein, so hätten wir nie sein mögen! Je tiefer wir reifen in dem Vertrauen zu der Liebe eines anderen, wächst unser wahres Wesen auf und sprengt sich alles weg, was uns je verstellt hat. Eine andere Form, wie Gott uns „richtet", ist überhaupt nicht möglich, als dass er uns *aufrichtet* zu uns selber und uns „hinrichtet" zu dem, wozu er uns gemacht hat. Man mag diesen Übergang reifender Wandlung als *Fegefeuer* bezeichnen, wie die katholische Kirche es lehrt. Das Fegefeuer, sagt sie, ist ein Zustand, in dem die „armen Seelen" wissen, dass sie in den Himmel kommen, aber eben noch nicht dort sich befinden; sie *leiden* noch an dem, was sie getan haben, gerade weil der Himmel ihnen sicher ist.

Wenn man die mythologischen Begriffe dieser Dogmatik einmal ins Symbolische übersetzt, dann müsste man sagen: Es gibt nichts Peinigenderes, als zu spüren, wie unnötig all die Ängste und Fehler waren, die wir im Moment, da wir ihnen ausgeliefert waren, für unausweichlich hielten. Plötzlich entdecken wir eine *Freiheit*, wie wir sie nie kannten, und dann ist es sogar möglich, dass, je besser wir uns selber verstehen und wir mit uns mehr identisch werden, auch das Verstehen für alle anderen Menschen wächst und größer wird. Am Ende ist der *Himmel* die Verbundenheit aller Menschen im Glück, eine Verbundenheit, die wir ursprünglich nur in dem Wissen einer tiefen Bedürftigkeit fanden, die wir alle teilen, eines Mangels und einer Entbehrung, von der wir alle gezeichnet sind. Am

Ende ist es die Seligkeit, zu spüren, dass es überhaupt nur Menschen gibt, die auf je ihre Weise mit ihrer Angst, mit ihren Qualen, mit ihren Abhängigkeiten, mit ihren Unzulänglichkeiten zu leben versuchten. Sie alle waren *unterwegs;* doch nun finden wir uns wieder, und kein Tod mehr hat die Macht, uns voneinander zu trennen. So wäre der *Himmel,* so wäre Gott, so richtete Gott, meinte Jesus, das wäre seine „Gerechtigkeit".

Was aber erst einmal beginnt, wenn wir „Rechtstitel" in unseren Umgang mit uns selbst und mit anderen einführen, lässt sich vielleicht in einer kleinen hinduistischen Geschichte ein wenig ironisch erläutern:

Es gab einmal einen indischen Asketen, der bei einem sehr guten Lehrer in die Schule ging und lernte, mit wie wenig doch ein Mensch in mönchischer Bedürfnislosigkeit zu leben vermöge. Er ging, nachdem er die Schule durchlaufen hatte, hinaus ins Freie. Da fand er nach einiger Zeit, dass, wenn er nachts schlief, sein Lendenschurz von Mäusen angefressen wurde. Und um den Lendenschurz zu schützen, erbettelte er sich eine Katze, die die Mäuse vertreiben sollte. Aber die Katze brauchte Milch, und so erbettelte er Milch für die Katze, die die Mäuse vertreiben sollte, dass sie nicht seinen Lendenschurz anfraßen. Nun war es aber zu mühsam, jeden Tag bei den Leuten Milch zu erbetteln. Der Asket fand heraus, es sei viel vorteilhafter, sich eine Kuh zu erbetteln, die die Milch gab, mit der die Katze ernährt würde, die die Mäuse verscheuchte, damit sie nicht den Lendenschurz zernagten. Nun braucht eine Kuh aber viel Futter, und auch das wollte erbettelt sein. Viel praktischer war es, eine Wiese zu erbetteln, auf welcher die Kuh fressen konnte, die die Milch gab, die die Katze ernährte, die die Mäuse vertrieb, die den Lendenschurz fressen wollten.

Dann aber brauchte es Leute, die die Wiese instand hielten, und auch war es nötig, dass die Leute, die auf der Wiese arbeiteten, versorgt und untergebracht wurden. Auch war es nötig, dass in dem Haus, in dem die Leute, die die Wiese bestellten, untergebracht waren, Leute für Aufsicht und Ordnung sorgten … So ging die Zeit hin. Eines Tages besuchte der Meister seinen Schüler und war ganz verwundert, was er zu sehen bekam. „Was ist aus dir geworden?", sprach er. „Meister", erklärte der Schüler, „du wirst es nicht glauben: es gab durchaus keinen anderen Weg, um meinen Lendenschurz zu erhalten."

Von solcher Art sind die Werke der „Gerechtigkeit" in römisch-abendländischem Sinne.

Siebente Spur

Von der unheilvollen Verschmelzung von Gott und Geld

Für den Ursprung des Opferdienstes gibt es keine psychologisch aufschlussreichere Geschichte, als die noch einmal zu erwähnende von *Kain und Abel*. Die Menschen, die dort geschildert werden, tun alles, was sie können, um sich mit Gott zu versöhnen, aber sie tun es voller Angst; sie geben ihr Bestes, aber innerlich widersprüchlich, und am schlimmsten: sie liegen wechselseitig in Konkurrenz, um die „Urschuld" ihres Daseins zu sühnen. Wenn jeder dasselbe mit demselben Ziel unter Konkurrenzdruck tut, ist es wie auf dem Markt: Nur wer am besten anbietet, wird der Erfolgreiche, und jeder muss denjenigen verdrängen, der erfolgreicher zu werden droht als er selber. Statt einer gütigen Versöhnung mit Gott herrscht infolgedessen Neid, Eifersucht, unterdrückter Hass, inwendige Rebellion und Zorn. Auf diese Weise wird der Mensch nicht besser; auf diese Weise wird er allenfalls noch besser angepasst. Es ist für Jesus deswegen sonnenklar, dass die ganze Priesterrede über Gott, wie man ihm Opfer darbringen, wie man ihm Vorleistungen schaffen muss, weder Gott noch dem Menschen entspricht, – Gott ist viel zu gütig, um Opfer anzunehmen, und der Mensch ist viel zu arm, um Opfer anzubieten.

Dies ist es, was wir bereits zu sagen versuchten. Wir haben dabei von der menschlichen Schuld zunächst vor allem moralisch gesprochen, so dass man dabei nicht sofort die Revolution bemerken musste, die sich daraus erhebt. Jesus war in der Tat der Meinung, Gottes „Gerechtigkeit" sei nichts weiter als eine unendlich verzeihende Liebe, als ein alles umgreifendes Verstehen, als ein nicht endendes Bemühen, um die Menschen in ihrer *Hilflosigkeit* aufzusuchen, weil nur *das* einem Menschen in seinem Elend wirklich gerecht werden könne, weil nur das das Notwendige seiner Not bilde. Über nichts anderes im Grunde hat Jesus gesprochen. Wir müssen diesen Gedanken Jesu von der „Gerechtigkeit" Gottes daher als sein Kernthema immer wieder entdecken.

Wir haben in diesem Buch eine ganze Kette von Gleichnissen Jesu besprochen, die so eindeutig und radikal in ihrer Aussage sind, dass es schwerfällt, sie zu überlesen. Etwa die Erzählung von dem Weinbergbesitzer oder die Geschichte vom Schalksknecht.

Menschen leben nur von der Vergebung. Immer wieder sucht Jesus nach Bildern, mit denen er diese Ansicht erläutern könnte, weil keine Theorie, keine Staatsphilosophie, keine Juristerei, keine Philosophie je zu erklären vermag, wie aussichtslos die Situation des Menschen ausfällt, konfrontiert man sie mit der Forderung absoluter Gerechtigkeit, wie sie in Gott verkörpert ist.

Es ist das unglaubliche Genie Jesu, dass er in all den Geschichten, die er erzählt und die im Grunde doch immer wieder von demselben handeln, alles, was er ist, und alles, was er sagen möchte, auf vollkommene Weise zur Sprache bringt; er schafft damit literarische Miniaturen, die reinste Kunstwerke sind, Elfenbeinschnitzereien gewissermaßen, so fein gearbeitet, dass jede Nuance unter dem Mikroskop darin sichtbar wird; die Botschaft all dieser Geschichten aber lautet: Freispruch für all die Menschen, die ohne eine solche Generalamnestie gar nicht leben könnten! Kein Zweifel: Das bedeutet das Ende aller im juristischen Sinn zu interpretierenden Gerechtigkeit. Das ist der Zusammenbruch aller Strafjustiz aufgrund der Zahlungsunfähigkeit der Schuldner!

Betrachten wir noch genauer den rituellen Zusammenhang von Gott und Geld. Im Jerusalemer Tempel brachte man *Opfer* dar, um unbezahlbare Schulden ersatzweise doch zu „bezahlen"; aber es gibt noch einen anderen handfesten Zusammenhang. Indem man im Tempel die Schuld der Menschen durch Opfer ableistete, wurden die Tempel zu den ersten *Geldbanken*. Wir können diese Entwicklung zum Beispiel auf Kreta in den Palästen und Tempelanlagen von Knossos verfolgen. Wir finden dort Zeichnungen, die Rinderfelle und Schafsfelle darstellen, und die Archäologen nehmen an, dass diese Darstellungen Sinnbilder sind für *wirkliche* Rinder und Schafe, die man zum Opfer oder zur Ersatzleistung für Opfer bezahlen musste. Wir treffen in diesen Bildern offenbar die Übergangsform von der Naturalienwirtschaft zur Geldwirtschaft an: Wenn man nicht mehr mit Tierfellen oder mit lebendigen beziehungsweise toten Tieren handeln will, ist die Darstellung in einem *Symbol* von einem großen Vorteil. *Zum einen:* man hat keine verderbliche Ware mehr; – ein totes Schaf im Orient ohne Kühlschränke ist in wenigen Tagen wertlos, ja, geradezu gesundheitsgefährdend; aber die *Darstellung* eines toten Schafs kann, ordentlich in Lehm gebrannt, ein Leben lang Bestand haben. Diese Darstellung schafft eine Verrechnungseinheit, die, weil sie ein Symbol ist, sich auf Dauer stellen lässt. Und man hat noch einen *zweiten* Vorteil: Man kann die Darstellung weiterreichen. Genau das ist es, was wir als Geld bezeichnen: die symbolische Darstellung von Schuld in weiterzureichender, zeitlos verewigter Form.

Die *Tempel* als die ersten Großbanken ihrer Herrscher: – das tatsächlich müssen wir archäologisch zur Kenntnis nehmen! Man hat schon vor über 4000 Jahren Thron und Altar nicht nur als Verwaltungseinheit zusammengefasst, man hat die ersten *Banken* in die Hände von Priestern gelegt, die lesen und schreiben und rechnen konnten und gleichzeitig die Schuldenbuchführung ihrer Herren: der Könige und ihrer Götter, übernahmen.

Es gibt in der Geschichte des Jerusalemer Tempels eine äußerst sprechende, dramatische Szene, im 5. Kapitel des Buches Nehemia. Als man in den Jahren 520 bis 512 v. Chr. den Tempel in Jerusalem wieder aufbaute, entstand natürlich die Frage, wie sich die Arbeiten organisieren und finanzieren ließen. Man konnte das nur mit Schulden, mit Kreditaufnahmen, aber die Leute waren selber bis über den Hals verschuldet. Wenn sie ihre Arbeitskraft unter diesen Umständen noch in den Tempelbau investierten, ging das auf Kosten ihres Privatvermögens; doch sie waren fromme Juden, sie wollten die heilige Stadt unbedingt wieder auferbauen. Irgendwie haben sie das dann auch geschafft; 80 Jahre später aber, um 440 v. Chr., waren die Schuldensummen horrende gestiegen, und wie immer, wenn Schulden gemacht werden, gibt es natürlich auch Leute, die mit der Schuld der Menschen Gewinn und Verdienst machen. Die Gesellschaft in Jerusalem im Umkreis des Tempels war zutiefst auseinander gerissen worden. Die Geldbesitzer schröpften ihre Schuldner, und darunter verarmte die Masse. In dieser Situation ging eine Petition ein; sie war erschütternd, weil sie stimmte. Die armen, mittellos gewordenen Leute erklärten:

Wir müssen unsere eigenen Kinder, unsere Frauen verkaufen! Das ist dieselbe Situation, von der Jesus in seiner Geschichte von dem verschuldeten Minister eben sprach, aber diese Situation hier hat unmittelbar zu tun mit dem Tempel. In dieser Stunde ist Nehemia groß: Er verkündet die Entschuldung der gesamten Bevölkerung als eine Forderung Gottes in dieser Stunde; der Tempel wird freigesprochen von jeder Bankschuld, von jeder Kreditzurückzahlung! Diese Maßnahme *göttlichen Rechts* ist ungeheuerlich, weil es kaum eine Bank gibt, die so verfahren würde, ohne selber pleite zu gehen, Nehemia glaubt daran, dass Gott seinen Tempel selber erhält und dass so zu tun möglich ist, schon weil es die Frömmigkeit der Menschen stärkt und fördert! Aber wie ging es weiter?

In den Tagen Jesu sehen wir, dass im Herodianischen Tempel erneut reiche Geschäfte gemacht werden, an denen die Priesterkaste der Sadduzäer prachtvoll verdient. Opfer darzubringen bedeutet natürlich als erstes, ein Tier herbeischaffen; aber wie? Jemand hat in Judäa vor Gott ein schlechtes Gewissen, und er möchte mit dem Allerhöchsten in Übereinkommen stehen; er kann das aber nicht ohne die Priester; soll er nun durch ganz Judäa das Opfertier treiben und die Nahrung ihm noch um den Hals binden? Das ist unpraktisch. Viel einfacher ist es, man nimmt das nötige Geld mit zum Tempel und bestellt dort das Opfertier, das bezahlt werden will; dann bestellt man für das Opfer den Priester, der ebenfalls bezahlt sein will; an jeder dieser Stellen also hat man in barer Münze zu zahlen. Aus diesen Opferleistungen der Menschen machen die Priester ihre Bankgeschäfte, nicht anders kann man es sagen. Und die Einnahmen aus diesen Geschäften sind enorm.

Eine *zweite* Einnahmequelle existiert an jedem Tempel bis heute: der *Devotionalienhandel*. Kein Dom, keine Wallfahrtsstätte, kein Heiligtum, in dem nicht den frommen Gläubigen alles mögliche aus der Tasche gezogen würde, weil ein bestimmtes Täfelchen, eine bestimmte Inschrift, ein Amulett, ein Talisman, eine Kerze, ein Rauchopfer, irgendetwas denn doch aus priesterlichem Segen in die Privathäuser zurückfließen lässt, man muss es halt kaufen; und es kostet im einzelnen auch nicht viel, es addiert sich nur halt. Multipliziert mit ein paar Hunderttausend im ganzen, laufen allemal erkleckliche Summen auf. Und wieder fließt all das in die Hände der Priester, – der Sadduzäer in Jerusalem.

Und eine *dritte* Einnahmequelle existiert: die *Tempelsteuer*. Wie im Altertum überhaupt wird mit Steuern kein Federlesens gemacht. Wer Steuern nicht bezahlen kann, bekommt sie nicht etwa erlassen oder gestundet, er hat sich zu verschulden bei irgendeinem der Wucherer, der „Geldgeber", die ihn mit Sicherheit noch ärger übers Ohr hauen werden als der erste Kreditgeber. Er hat die *Steuer* aber als *allererste* Schuld zu begleichen, egal unter welchen Schuldenlasten er das Geld aufbringt. Die Priester leben mit einem Wort von der Armut der Menschen; das ist der Zustand. Und sie horten die Schätze der Armen im Heiligtum. Wie viel die Schatzkasse des Jerusalemer Tempels betrug, wissen wir nicht, doch muss es beträchtlich gewesen sein.

Als 63 v. Chr. Pompejus Jerusalem besetzt, lässt er den Tempel noch einigermaßen ungeschoren. Das wird sich ändern, Titus, im Jahre 70 n. Chr., als er Jerusalem erobert, hat einen Staat im Rücken, der im Grunde pleite ist, – das „große" Rom! Kaiser Augustus war der letzte, der in der römischen Geschichte noch einmal bare Kasse gemacht hatte, als er nach dem Sieg über Kleopatra den Goldvorrat Ägyptens abschöpfte; danach gab es kein Land mehr, das man hätte ausplündern können. Die Tempelkasse in Jerusalem wird von den römischen Legionären „konfisziert" worden sein – erzählt wird uns freilich, das sei unabsichtlich geschehen: Der kostbare Tempel – irgendein verrückter Legionär habe eine Brandfackel in ihn hineingeworfen, und das ganze Gebäude sei in Schutt und Asche verbrannt; fortan war das Geld jedenfalls unauffindbar. Es gab keinen Tempel und auch keine Tempelkasse mehr.

Der Augenblick, in dem Jesus den Tempel betritt, endet mit jenem Wort, das im Markusevangelium im 11. Kapitel, Vers 25 zu lesen ist: „Und so vergebt, wenn ihr vor Gott steht." Der Zusammenhang dieses isoliert wirkenden Wortes ist klar: Was Jesus so erzürnt, ist die Verschmelzung von Gott und Geld. Sie müssen die Priester im Tempel und ihre Angestellten nur sehen mit ihren so praktischen Schreibtäfelchen, mit den *pinakes*, wie sie hießen, wachsbeschichteten Holzscheiben, in die ein Schreibgriffel aus Metall die Eintragungen drückte. Auf solchen Täfelchen konnte man Liebesbriefe schreiben, aber eben auch Schulden notieren. Diese Täfelchen waren in Jerusalem das Sklavenbuch für Tausende Armer im Namen Gottes; mit diesen Täfelchen machte man mit der Angst der Menschen seine Geschäfte.

Die Geschichte, wie Jesus in Jerusalem einzieht, lassen wir einen Moment lang einmal dahingestellt. Es gibt allerdings zum Vorlauf dieser Szene eine kleine Begebenheit, in der Jesus auf die Frage der Tempelsteuer angesprochen wird, also auf die Hauptfinanzierungsform des Heiligtums in Jerusalem: In Mt 17,24–27 fragt Petrus, ob man die Tempelsteuer bezahlen müsse: Eine Doppeldrachme ist laut Verfügung für jeden Juden an den Tempel zu zahlen. Jesus stellt eine merkwürdige Frage an seine Jünger zur Antwort: „Petrus, wer eigentlich muss Steuern zahlen bei den Staaten? – Die Fremdlinge doch, nicht die Söhne des Hauses!" Er will damit sagen: „Sind wir eigentlich unter den Augen unseres Gottes Fremde im eigenen Lande? Gibt es das überhaupt, dass Menschen sich, wurzellos, grad noch geduldet fühlen müssten, wenn es um Gott geht?" Schon aus dieser Frage geht hervor, dass Jesus die Tempelsteuer rundum ablehnte. Sie verträgt sich nicht mit seiner Vorstellung von Gott. Und um die Sache scheinbar ins Phantastische zu treiben, erzählt Matthäus noch eine Legende: Jesus habe dem Petrus gesagt, er solle einen Fisch fangen, der werde ein Goldstück im Maul tragen; das solle er für die Priester als Ersatz für die Tempelsteuer einzahlen. Diese Legende will offenbar sagen: Der Tempel „finanziert" sich einzig durch Gott selber. Dass wir leben, ist bereits ein reines Wunder Gottes; wenn man Gott „bezahlbar" machen will, dann muss er das schon selber tun! So der Sinn des Märchens von der Münze im Fischmaul. Aber hat man's je begriffen?

Wir müssen, um die Frage zu aktualisieren, noch darauf hinweisen, dass bis in die Gegenwart hinein die ganze Wirtschaftslogik sich darauf festlegt, dass Geld und Schuld gusseisern zusammengehören. Die Banken sind notwendig, wird uns erklärt, die Zinsnahme für Schulden sei notwendig, wird uns gesagt, denn anders könne es überhaupt nicht sein. Wie denn? Wer Geld hat, natürlich, muss es irgendwie anlegen, da das Geld sonst verfällt. Alleine schon durch das Wirtschaftswachstum kommt ja der Geldwert unter Druck; also ist es nicht sinnvoll, nach Großmutters Art das Geld im Strickstrumpf aufzubewahren; außerdem leben wir in einer Zeit des bargeldfreien Zahlungsverkehrs; es wäre viel zu mühsam, wenn wir immer wieder zu jedem Einzelnen gehen müssten, um ihm in Noten und in Münzen zurückzugeben, was er braucht; Überweisungen aber, geldfreie Zahlungen – die werden getätigt über die Banken und Geldinstitute. Die aber müssen natürlich bezahlt werden für ihre „Dienstleistungen". Drum streichen sie bei allen Geldgeschäften auch ein gewisses Surplus ein. Aber schaut man ihnen auf die Finger, sind sie so billig nicht; keinesfalls lassen sie sich wie das Reisebüro nur ihre „Dienstleistungen" bezahlen. Sie nehmen für die Tatsache, dass *sie* Geld haben und ihr „Kunde", der Kreditnehmer, kein Geld hat, *Zinsen*; sie diskontieren, genau wie die Tempelbank zu Jerusalem. Und das *muss* sein, erklären sie, denn die Banken können ja nur Geld verleihen durch diejenigen, die es bereits bei der Bank angelegt haben. Die Geldanleger aber haben ein Recht, dass ihr Geldinstitut ihr Geld richtig verwaltet, das heißt, dass sie es mit Mehrwert, zurückbekommen. Wenn die Bank pleite machen würde, weil sie zu geringe Zinsgebühren nähme, so wäre das unverantwortlich, weil alle, die ihr das Geld gegeben haben, als Habenichtse dastünden. Mit einem Wort, die Bank ist verpflichtet, im Namen ihrer Gläubiger und derer, die ihr das Vertrauen als Anleger geschenkt haben, *Gewinne* zu erwirtschaften. Und dafür ist der Zins, der Diskontsatz, nun unerlässlich. Fünfzehn Prozent oder zwölf Prozent auf die Schulden, – da kann man steuern! *Steuern* kommt ja davon, dass man die Wirtschaft, also die Gewinnspannen, „steuert"; das also sind die „Pflichten", denen die Banken obliegen.

Wir sind heute, nebenbei gesagt, so weit, dass die Börse überschäumt. Es war noch nie so toll! Viel lukrativer, als selber zu arbeiten, ist es anscheinend, das Geld „arbeiten" zu lassen. Der deutsche Aktienindex überschlägt sich; die Freude daran wird nur getrübt durch die Tatsache, dass die Prozentzahlen des sogenannten DAX just identisch sind mit denen der Arbeitslosen. Die Dinge hängen zusammen, aber darf man das sagen, will man das wissen? Was ist es mit den Banken?

Es ist das Unglaubliche, dass Jesus, noch ehe er in den Tempel von Jerusalem geht, im 14. Kapitel des Lukasevangeliums, Verse 12–14, knapp und bündig aufs Geld zu sprechen kommt und als Jude nicht nur jede Zinsnahme verwirft; er erklärt ganz einfach: Wenn du Geld hast und verleihst es, so gib es dem, der es nicht zurückzahlen kann. Er will damit sagen: „Ein solcher braucht es als erster! Alle, die noch zurückzahlen können, sind ja nicht wirklich Notleidende. Such sie dir aus! Du kannst nicht jedem etwas geben, aber da, wo du weißt, es fällt ins Nichts, da engagiere dich. Natürlich werden dir die Leute sagen: Wir zahlen alles zurück; natürlich reden sie so; aber schau sie dir an. Wenn du genau weißt, sie lügen dir beim Kreditnehmen die Hucke voll, denn sie können gar nichts zurückzahlen, dann denke: Diese Art von Lügnern sind die Menschen in der größten Not, sie brauchen wirklich! Ihre Lüge ist ja nur ein Trick, um die Wahrheit nicht sagen zu müssen. Wenn sie sagen würden: Wir haben nichts, und wir können dir nichts zurückzahlen, würden sie ja niemals glauben, Geld von dir zu bekommen. Du aber kannst ihnen sagen: Mein lieber Freund, ich glaub dir kein Wort, aber das liegt daran, dass du wirklich in Not bist, und für die stehe ich jetzt gerade; so mache das!", meint Jesus.

Derselbe Mann, der immer wieder gesprochen hat von Vergebung, von Verzeihen, von Hinterhergehen überall, wo er es mit Menschen zu tun hatte, will nicht länger mehr eine Institution mittragen und ertragen, die die Menschen ausbeutet und das auch noch als Gottesdienst bezeichnet. An dieser Stelle ist für Jesus endgültig und ein für allemal Schluss. Er geht in den Tempel, heißt es, und sieht sich das Treiben einen Abend lang genau an, um am nächsten Tage Remedur zu schaffen.

Der Tempel von Jerusalem befand sich seinerzeit in bestimmten Händen; wir kennen die Leute der Hochpriester in den Tagen Jesu; da ist Kaiphas, er ist der Schwiegersohn des Hannas; dem wieder gehören die Hannas-Hallen, und dort wieder wird das Vieh gehandelt, das man kaufen muss; dort blüht der Devotionalienhandel; zehn Söhne aus der Familie des Hannas werden nacheinander Hochpriester in Jerusalem; und auf diese Familie, auf diese Sippschaft oder Mafia, kann ein Mann wie Kaiphas sich absolut verlassen; er ist von ihnen abhängig; er muss sich auf sie verlassen, um von ihnen selber nicht verlassen zu werden – eine Hand, wie man sagt, wäscht die andere. Man kann sich kaum vorstellen, was los ist, wenn Jesus bestreitet, dass es irgendein Recht gibt, im Tempel von Jerusalem all die Dinge zu betreiben, die da getrieben werden. Keine Opfer, keine Geschäftseinnahmen, keine Tempelsteuern, die ganze Kaste abgelehnt im Kern, das ganze Bankwesen im Namen Gottes als korrupt hingestellt!

Markus schildert die Vorgänge der „Tempelreinigung" so, dass Jesus zur Begründung seines Wortes wütend das 7. Kapitel des Jeremia zitiert hätte (Jer 7,11). Aber Jesus „zitiert" nie. Er lebt nicht als Schriftgelehrter davon, dass er bestimmte Notizen aus dem Archiv der heiligen Schriften in die Gegenwart auf Pergament überträgt; er führt Jeremia auf an dieser Stelle! Jeremia in seinen Tagen konnte in den Tempel gehen und erklären, indem er ironisch die Gebetsrufe aufgriff: „der Tempel des Herrn! der Tempel des Herrn ist hier!" –: „Euer Leben sollte sein ein Tempel des Herrn, aber morden, rauben, plündern, Witwen erpressen und dann in den Tempel kommen! Der Tempel des Herrn! Genau das ist der Untergang des Tempels!" – so sinngemäß Jeremia. Und so jetzt Jesus! Es ist Schluss vor Gott!

Wenn die Menschen eine solche Botschaft begreifen, braucht man die Mauern des Tempels nicht zu stürzen. Menschen, die es begreifen, haben den ganzen Tempel nicht mehr nötig, sie verlieren ganz einfach ihre Angst vor Gott. Die Ausbeutung der Menschen im Namen von Frömmigkeit und Religion ist fortan unmöglich. Die ganze Außenlenkung, der gesamte Apparat fällt weg; die Verbankerung und Verbunkerung Gottes – weg! Die Menschen sind frei wie Vögel, die man aus dem Käfig holt. Das geschieht in diesem Moment. Und weil es so steht, können wir begreifen, dass die Sache sehr schnell zu den Ohren der Priester und der Schriftgelehrten kommt und dass diese augenblicklich beschließen, dieser Mann müsse weg! Es ist nur die Frage, wie. Man darf es nicht öffentlich tun; man muss es machen, wie alle Politiker gerne handeln: Hintenrum muss das geschehen. Diese Kreise fürchten das Volk, und so müssen sie das Volk an der Nase herumführen. Man braucht noch ein paar Finessen, – juristische, taktische, propagandistische; aber die „Legitimation" ist lange schon klar: ein Mann, der den Tempel ablehnt, ist ein Teufelsprophet; ein solcher kann nicht auf der Seite Gottes stehen. Wer Partei nimmt für die Schuldner gegen ihre Gläubiger, der greift die Weltordnung an!, so scheint es.

Fragen wir uns einen Moment lang, was wir daraus lernen. Das eine ist: Wir sehen einen Jesus vor uns, der sich in diesem Moment, wo er das Un-Leben eines mörderischen Opfergottes abschafft, selber ins Lebensgefährliche begibt. Fragen wir uns: Warum musste Jesus sterben?, so muss die Antwort jetzt lauten: Eben dieser seiner Haltung wegen! Eine Religion, die aus Gott Geld macht, muss zugrunde gehen, wenn ein Gott der Güte lebendig werden soll. Wer so denkt, stellt sich zu der herkömmlichen Priesterreligion wie Wasser zu Feuer, – dazwischen kann es keinen Kompromiss, keine gleitenden Übergänge mehr geben. An dieser Stelle wollte Jesus ein für allemal, dass ein solcher Wandel des Gottesbildes begriffen würde. Er hat dabei offenbar gemeint, im Vertrauen auf Gott falle dieser Wechsel so leicht, wie zu einem Berg zu sagen: Hebe dich hinweg (Mk 11,23). Er sah gewiss die gigantische Aufgabe vor sich, die dieser Wechsel bedeutete, und doch meinte er, im Vertrauen auf Gott werde es gehen; es gebe keine Schwierigkeiten mehr für einen Menschen, der wirklich auf Gott vertraut! All die Dauerausrede: „Das ist zuviel auf einmal, das geht überhaupt nicht!" hat da keine Geltung mehr. Für einen Menschen, der auf Gott vertraut, gibt es keinen Grund mehr, bestimmte Dinge, die richtig sind, aus lauter Angst sein zu lassen. Jetzt oder nie, das ist die Einstellung Jesu.

Und dann, im gleichen Zusammenhang, kehrt Jesus zu seinem zentralen Thema zurück: „Wenn ihr vor Gott steht in Vertrauen, so vergebt einander." (Mk 11,25) Das ist die Erklärung für alles.

Das Wirtschaftliche ist nur die oberflächliche Ausdrucksform, das Geld nur eine der vielen konkreten Darstellungsarten, was Menschen Menschen schuldig bleiben. Irgendwo fehlen wir alle, irgendwo machen wir nicht nur Fehler, sondern sind wir nicht da, wo wir sein sollten, sind wir nicht in der Form vorhanden, wie wir es sein müssten. Alle leben wir deshalb von der Ergänzung des einen durch den andern und folglich miteinander. Das ist die Schau Jesu. Da ist kein Gott mehr, der „Gerechtigkeit" in dem Formalsinn der Justiz gelten ließe.

Martin Luther hatte Recht, als er in einem Bonmot einmal meinte: „Juristen können keine Christen sein" – so bei einer seiner Tischreden. Er hatte etwas gegen den Zins, schon in seiner Schrift aus dem Jahr 1524. Von ihm stammt das wunderbare, furchtbare Wort: Wucher. Man muss das nur richtig lastend, mit dunklem U-Laut, dumpf und schwer, so aussprechen, wie Luther sächsisch es wohl getan hat: der Wucher. Gegen ihn hat der Reformator geredet in einer Zeit, da die Fugger und die Welser gerade ihre größten Transaktionen machten. Es ist nicht möglich, Gott zu begreifen und dann Menschen an die Gurgel zu gehen. Das ist die Geschichte im 18. Kapitel bei Matthäus: Wir alle leben nur daraus, dass Gott uns vergibt. Und wenn irgend du dies begreifst, wirst du merken: Für die paar Jahre, die wir hier auf Erden leben, streiten wir uns um Nichtigkeiten, wenn wir voneinander unsere Schulden eintreiben wollen! Ein Zusammenleben von Menschen, das sich wesentlich auf Konkurrenz, auf wechselseitige Ausschaltung, auf die Definition des Erfolges durch den Untergang des anderen gründet, kann nicht von Gott getragen werden; es gibt keine Wirtschaftsordnung dieser Art, die die Erlaubnis Jesu hätte.

Wäre da der Vorschlag der Kirchen etwa nicht richtig gewesen, das Jahr 2000 so zu begehen, dass den Entwicklungsländern zumindest die Schuldenzinsen erlassen würden? Das wäre gewiss eine Maßnahme gewesen, die den Ursachen der globalen Krisen zu Leibe rückte, die wir militärisch zu bekämpfen vorgeben – und ein Ende der kirchlichen Doppelbödigkeit. Wie denn? Für Misereor zum Beispiel sammeln wir für die Not der Dritten Welt. Aber was wir da Entwicklungshilfe nennen oder was wir als Kollekten für die Menschen in Not einsammeln, sind nicht einmal Minimalbeträge, sind nicht einmal wenige Promille dessen, was wir den Ländern der Dritten Welt weggenommen haben, um die Überschüsse zu erwirtschaften, von denen aus wir jetzt an den Rändern des Luxus Mildtätigkeit heucheln. Konkret: Das Auseinanderdriften der Preisentwicklung von Rohstoffen und Fertigwaren auf den Weltmärkten muss seit über 40 Jahren die Industrienationen reicher und reicher machen und die Geberländer von Rohstoffen immer ärmer. *Gerechtigkeit?* Wir beuten die Bodenschätze der Drittländer in jeder Form aus; und wir fühlen uns dabei im Recht, denn wir sind die Experten, wir haben das Know-how, wir schaffen sogar die nötigen Arbeitsplätze, indem wir die Billigarbeitskräfte als Kulis, als Hilfsarbeiter, anwerben – sie müssen froh sein, dass wir sie anstellen! Und was für ein Fortschritt technologisch! Wir helfen diesen Ländern beim Aufbau! So muss man das sehen. In Wahrheit handelt es sich um den Ruin ganzer Teile der Natur und ganzer Teile der Kultur vieler Völker. Das alles zeigt: es genügt nicht, Fehler im System zu ändern, es ist vielmehr im Sinne Jesu seit 2000 Jahren unerlässlich, alles zu verändern. Inzwischen stellen all diese Fragen sich zugespitzt auf Leben und Tod.

Das Osterfest stellt uns die Frage, woran wir wirklich glauben. Es gab Leute, die sagten: „Es ist nur gut, wenn ein Mann wie Jesus verschwindet." Aber die Formen, Jesus zum Schweigen zu bringen, können auch rituell und dogmatisch sich verwalten. Die kirchlich genehmigte Form, Jesus abzuschaffen, besteht in der frommen Erklärung, er als der Sohn Gottes, er als der Erlöser der Welt, habe uns das Gottesreich gebracht, nur sei es leider noch nicht gekommen, das Reich Gottes; wir müssten deshalb hoffen, dass es kommen werde, aber wir dürften nicht zu ungestüm darauf zugehen. In solcher Art des „Bekenntnisses" reden wir von Jesus eigentlich nur, um zu vermeiden, dass er jemals noch zur Sprache kommt. So schlimm, meinte Sören Kierkegaard, sei kein Bankeinbrecher! Ein Einbrecher könne nur plündern, was im Safe liegt; aber Leute, die eine Inflation besorgten, indem sie Geldscheine völlig ohne Wert ausgäben, die ruinierten alles. So die Christenheit!

In der Tat müssen wir ganz von vorn anfangen, damit es ein Ostern gibt, die Sprache des Todes ihr Ende findet und *Spuren des Heils* sichtbar werden. Die, die da meinten, der Mann aus Nazareth könne nur verschwinden, haben im Grunde nur gezeigt, dass das, was sie verwalten, die Zerstörung des Menschlichen selber ist, die Beseitigung von allem, wofür zu leben sich lohnt. Erst diese Erkenntnis ist ein Anfang in allem.

Hinweis

Die Erstveröffentlichung unter diesem Titel erfolgte 2007 im Patmos Verlag, Düsseldorf

Die Texte wurden in Auszügen entnommen aus folgenden Werken Eugen Drewermanns:

Jesus von Nazareth – Befreiung zum Frieden.
Glauben in Freiheit. Band 2, Düsseldorf und Zürich, 6. Aufl. 2001, S. 11–41

Das Matthäusevangelium – Bilder der Erfüllung.
Band 2, Solothurn – Düsseldorf 1994, S. 427–458

Ein Mensch braucht mehr als nur Moral – Über Tugenden und Laster. Düsseldorf und Zürich 2001, S. 557–607

Die Übersetzung der Bibeltexte orientiert sich an:
Die vier Evangelien übersetzt von Eugen Drewermann.
Düsseldorf 2004

topos taschenbücher

Eugen Drewermann
Wenn der Himmel die Erde berührt
Meditationen zu den Gleichnissen Jesu

224 Seiten

Band 803
ISBN 978-3-8367-0803-6

www.topos-taschenbuecher.de

topos taschenbücher

Eugen Drewermann
Und legte ihnen die Hände auf
Meditationen über die Wunder Jesu

176 Seiten

Band 844
ISBN 978-3-8367-0844-9

www.topos-taschenbuecher.de

topos taschenbücher

Eugen Drewermann
Leise von Gott reden
Meditationen

144 Seiten

Band 895
ISBN 978-3-8367-0895-1

www.topos-taschenbuecher.de